U0577610

汽车电气设备检修

主　编　宋志良　吕丕华
副主编　谢剑和　李　晶
　　　　张元清　江传玉
主　审　丁继斌

北京理工大学出版社
BEIJING INSTITUTE OF TECHNOLOGY PRESS

内 容 简 介

本书采用"校企双元"模式共同开发，选取"项目引领、任务驱动"的模式编写。全书内容以典型工作任务为载体进行组织，主要包括汽车电路图分析、电源系统检修、起动系统检修、照明与信号系统检修和汽车辅助电气设备检修五个学习项目。每个学习项目下还包含若干个学习任务，每个任务以实际工作任务进行导入。本书任务以国内外中高档轿车为例，系统讲述了现代汽车电气设备的基本构造、工作原理和检修方法。

本书可以作为高等院校、高职院校汽车类专业教材，也可以作为汽车行业的培训教材及汽车电气系统维修入门的自学用书。

图书在版编目（C I P）数据

汽车电气设备检修／宋志良，吕丕华主编． —— 北京：
北京理工大学出版社，2022.11
ISBN 978 - 7 - 5763 - 1818 - 0

Ⅰ．①汽… Ⅱ．①宋… ②吕… Ⅲ．①汽车 – 电气设
备 – 车辆修理 – 职业教育 – 教材 Ⅳ．①U472.41

中国版本图书馆 CIP 数据核字（2022）第 206250 号

出版发行／北京理工大学出版社有限责任公司
社　　址／北京市海淀区中关村南大街5号
邮　　编／100081
电　　话／（010）68914775（总编室）
　　　　　（010）82562903（教材售后服务热线）
　　　　　（010）68944723（其他图书服务热线）
网　　址／http：//www.bitpress.com.cn
经　　销／全国各地新华书店
印　　刷／三河市天利华印刷装订有限公司
开　　本／787 毫米 × 1092 毫米　1/16
印　　张／16.5　　　　　　　　　　　　　责任编辑／陈莉华
字　　数／384 千字　　　　　　　　　　　文案编辑／陈莉华
版　　次／2022 年 11 月第 1 版　2022 年 11 月第 1 次印刷　责任校对／周瑞红
定　　价／79.00 元　　　　　　　　　　　责任印制／李志强

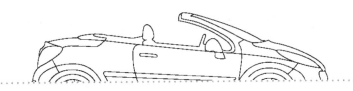

前 言
PREFACE

为了深入贯彻党的二十大精神，以习近平新时代中国特色社会主义思想为指导，落实全国教育大会精神以及全国职业教育大会部署，实施科教兴国战略，强化现代化建设人才支撑，积极推进"三教"改革中的教材建设，特组织了一批职业教育领域的资深教师及企业的技能专家共同编写了本书。

本书以汽车电气设备维修的典型工作任务为载体，坚持问题导向，坚持系统观念，内容安排上遵循由浅入深、循序渐进、便于教学的思路，让学生对主要的汽车电气设备、电路控制原理及检修理论知识有一个较为全面的认识。

本书具有以下特色：

①本书打破了传统教材的章节体例，采用了"项目引领、任务驱动"的编写模式。全书共五个项目，每个项目又分为若干个任务，每个任务均易于操作与实现，并遵循从简单到复杂、由单一到综合的原则，充分培养学生的综合职业能力。

②本书编写以典型工作任务为载体，任务来源于汽车机电维修工的实际工作岗位，并进行了适当的教学化加工，每个任务都有明确的学习目标，突出教材的实用性和实践性。

③本书课后习题丰富全面，并融入了高职汽车专业 1 + X 职业技能等级考核习题和部分全国及省级高职组汽车维修赛项比赛试题，适用于各类高职对口考试及赛证培训。

④本书配套了丰富的多维教学资源。全书对重点知识点和技能点配备了视频和动画，以二维码的形式插入书中，把汽车电气设备主要部件的拆装要点和相关原理更加生动、形象地展现出来，方便教师的教学和加深学生对相关知识点的理解。

⑤本书全面贯彻党的教育方针，落实立德树人根本任务。编写过程中充分挖掘了汽车电气课程教学中的思政元素，每个任务均融入了隐性和显性的思政元素，让学生在掌握专业知识和技能的同时，潜移默化地影响学生的思想、行为和价值选择，实现专业课"课程思政"润物细无声的育人作用。

本书采用"校企双元"模式共同开发，由江西应用技术职业学院宋志良、中德诺浩（北京）教育科技股份有限公司吕丕华担任主编，江西应用技术职业学院谢剑和、李晶、张元清、江传玉担任副主编，南京工业职业技术大学丁继斌教授担任主审。

由于编者水平和经验有限，书中难免有错漏之处，敬请读者批评指正。

编 者

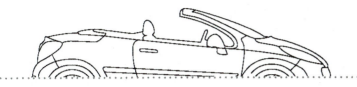

目 录
CONTENTS

**项目一
汽车电路图分析**

项目三
起动系统检修

目录

项目四
照明与信号系统检修

项目五
汽车辅助电气设备检修

项目一
汽车电路图分析

  汽车电气系统是汽车四个系统中重要的组成部分之一，电气系统的好坏直接影响汽车的动力性、经济性、安全性、舒适性和可靠性等方面的性能。汽车电路分析是汽车维修工必备的技能之一，现代汽车都是电气系统控制机械系统工作，机械系统由于加工工艺水平的提高，使得汽车机械故障越来越少，但是电气故障越来越多。

  汽车电路图中采用的常用图形符号和汽车电气电路的表达形式都有其特点，正确认识这些特点，是识读和分析汽车电路图的基础。本项目就是在熟悉这些特点的基础上，熟悉汽车电气电路的故障基本形式，学会对电气元件的检测与判断，掌握汽车电气电路的分析和诊断方法，为加快建设质量强国、交通强国打好专业基础。

任务一
汽车电气系统的总体认识

任务描述

　　一辆丰田卡罗拉轿车已经行驶了4.3万千米，且距离上一次保养已经行驶了1万千米。车主李先生按车辆保养要求，进4S店做常规保养，李先生对汽车电气系统组成很感兴趣，希望维修技师小明能够对车上的各电气系统进行介绍，维修技师小明在对车上的各电气设备进行检查的同时，并向李先生详细介绍了电气系统的组成和基本功能。

　　在此任务中培养学生与客户耐心交流的服务意识，树立尊重客户、为人民服务的人生观，以及在向客户介绍电气系统各组成部分及功能的过程中培养诚恳待人、爱岗敬业的职业品质。

学习目标

目标类型	目标要求
知识目标	了解汽车电气设备的组成
	掌握汽车电气设备的特点
技能目标	能够自行查阅车辆相关技术资料及维护有关的资料
	能够正确对汽车电气设备及相关部件进行基本检查
思政目标	能够树立正确的服务意识，树立尊重客户、为人民服务的人生观
	能够认真、负责地回应客户不同的诉求，培养诚恳待人和爱岗敬业的职业品质

任务准备

　　将班级学生分组，3人或4人为一组，由轮值安排生成组长，使每个人都有锻炼组织协调和管理能力的机会。每人都有明确的任务分工，机电维修组长1人、机电维修中工1人、机电维修学徒1~2人，模拟任务实施过程，培养团队合作、互帮互助精神和协同攻关能力。任务分组见表1-1。

表1-1　任务分组

组长		组名		指导老师	
团队成员	学号	角色指派		备注	
		机电维修组长		任务进度安排	
		机电维修中工		任务主实施	
		机电维修学徒		任务协助实施	
		机电维修学徒		任务协助实施	

任务引导

引导问题1：你能说出哪几种汽车上的电气设备？

引导问题2：你知道汽车起动之后，给汽车上电气设备供电的是哪个部件？

引导问题3：你知道汽车电气设备一般采用的是交流电还是直流电？

知识链接

知识点一　汽车电气系统的组成

汽车电气系统是汽车上非常重要的一个组成部分，一直以来在汽车上发挥着重要的作用。目前，汽车基础电气设备正向着提高品质、提高性能的方向发展，辅助电气设备正向着扩展类别、拓展应用范围的方向发展。现代汽车上电气设备的种类和数量都很多，但大致都可以分为三大部分，即电源系统、用电设备和配电装置，如图1-1所示。

1. 电源系统

电源系统又称为充电系统，包括蓄电池、发电机及调节器，其中发电机为主电源。丰田卡罗拉轿车上的电源系统如图1-2所示。

蓄电池是给汽车上起动机提供电能的唯一电源，它的主要作用是发动机起动时向起动机供电。当发电机不工作或转速较低导致其电压低于蓄电池电压时，蓄电池向全车用电设备供电；当车上用电设备接入过多时，蓄电池也可协助发电机对外供电。卡罗拉轿车上的蓄电池如图1-3所示。

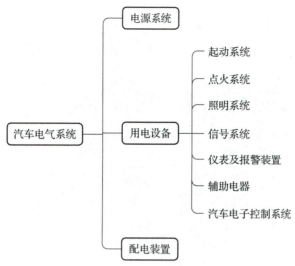

图 1-1　电气系统的组成

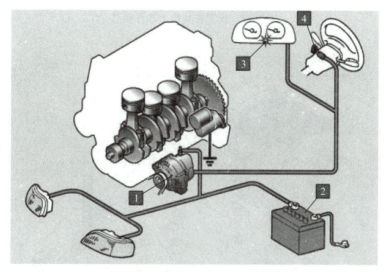

图 1-2　卡罗拉轿车的电源系统

1—发电机；2—蓄电池；3—放电警告灯；4—起动开关

发电机正常工作时，发电机作为主电源向全车用电设备供电，同时给蓄电池充电。当发动机起动后带动发电机发电，当发电机转速达到一定值后，其对外输出电压高于蓄电池电压，发电机向全车用电设备（起动机除外）供电，并向蓄电池充电。为了保证车上各电气设备能够稳定工作，三相交流发电机必须设置电压调节器，使其电压能够维持在一相对稳定的范围内。卡罗拉轿车上的发电机及电压调节器如图 1-4 所示。

2. 用电设备

（1）起动系统

起动系统包括起动机及其控制电路，其作用是带动起动机运转。起动系统由蓄电池供电，将电能转变为机械能带动发动机运转，完成任务之后立即停止工作。卡罗拉轿车上的起动系统如图 1-5 所示。

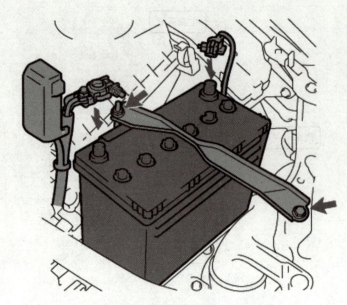

图1-3 卡罗拉轿车上的蓄电池

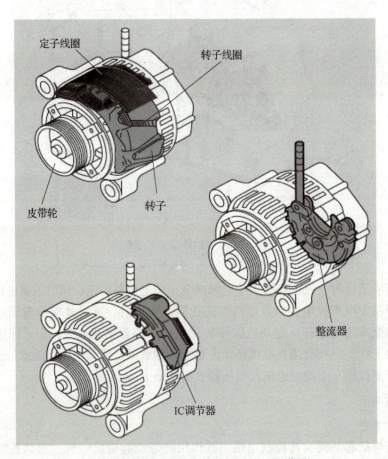

定子线圈

转子线圈

皮带轮

转子

整流器

IC调节器

图1-4 卡罗拉轿车的发电机及电压调节器

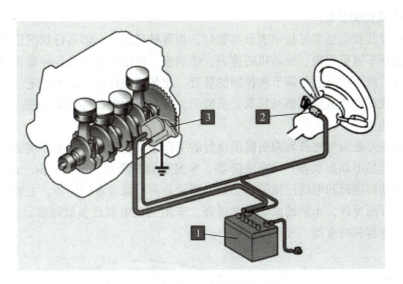

图 1-5　卡罗拉轿车起动系统
1—蓄电池；2—起动开关；3—起动机

（2）点火系统

点火系统仅用在汽油发动机上，用来产生电火花，点燃汽油发动机中的可燃混合气。点火系统主要包括点火开关、点火线圈、火花塞和凸轮轴位置传感器等，如图 1-6 所示。

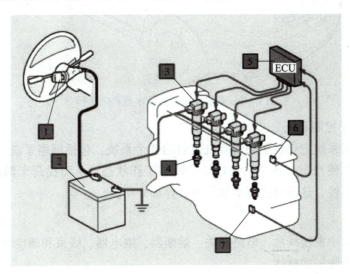

图 1-6　卡罗拉轿车点火系统
1—点火开关；2—蓄电池；3—点火线圈；4—火花塞；5—ECU；6，7—凸轮轴位置传感器

（3）照明系统

照明系统包括汽车内部和外部的各种照明灯及其控制装置，其作用是提供车辆安全行驶的必要照明。

（4）信号系统

信号系统包括音响信号和灯光信号，用来提供车辆安全运行所必需的信号。信号系统的主要电气装置是电喇叭和制动信号灯、转向信号灯、倒车信号灯以及各种报警信号灯。

（5）仪表及报警装置

仪表及报警装置包括常见指示表及报警灯，为驾驶员提供车辆运行状况信息，确保汽车正常运行，包括车速里程表、发动机转速表、燃油表、机油压力表及各种警告灯。此外，中控仪表台上有对汽车状态进行调节和控制的装置，比如定速巡航、电子稳定、车道保持、发动机起停等，这些电气装置能够减轻驾驶员疲劳，提高驾驶舒适性和安全性。

（6）辅助电器

辅助电器主要是为驾驶员和乘员提供良好的工作条件和舒适的乘坐环境而设置的。辅助电器设备主要包括电动刮水器、风窗洗涤器、车窗玻璃升降器、电动天窗、汽车试听设备、电动座椅、电动后视镜和电动门锁等。辅助电器设备有日益增多的趋势，主要向着安全保障和娱乐舒适等方面发展，车辆的豪华程度越高，车用辅助电器设备就越多。图1-7为卡罗拉轿车上的刮水器和喷水器。

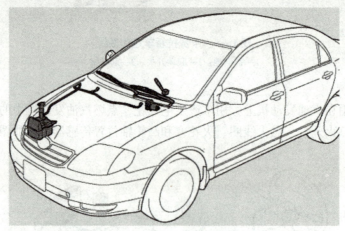

图1-7　卡罗拉轿车的刮水器和喷水器

（7）汽车电子控制系统

汽车电子控制系统主要是指利用微机控制的各个系统，包括网络系统、安全气囊系统、防盗系统等。它们使汽车上各个系统均处于最佳工作状态，从而提高车辆的动力性、经济性、安全性及舒适性。这部分内容本教材不做详细介绍。

3. 配电装置

配电装置包括中央接线盒、电路开关、熔断器、继电器、线束和插接器等，其作用是使全车电路构成一个统一的整体。

知识点二　汽车电气系统的特点

1. 双电源

双电源是指蓄电池和发电机，汽车电气设备采用双电源共同供电，如图1-8所示。蓄电池是辅助电源，在汽车发动机未运转时向有关用电设备供电；发电机是主电源，当发动机运转到一定转速后，发电机转速达到规定的发电转速，开始向有关用电设备供电，同时对蓄电池进行充电。两者相互配合，协同工作，这样可以有效保证汽车用电设备在不同的情况下都能正常工作，同时也延长了蓄电池的供电时间。

发电机

蓄电池

图1-8 双电源

2. 低压直流

根据《汽车电气设备基本技术条件》规定，汽车电气产品标的额定电压规定为三种：6 V、12 V、24 V（相配套的发电机调节器额定电压为7 V、14 V、28 V），所以汽油发动机汽车普遍采用12 V电源，柴油发动机汽车多采用24 V电源，摩托车采用6 V电源。

汽车采用直流电的原因是发动机要靠电力起动机起动，起动机由蓄电池供电，而蓄电池电能消耗后又必须用直流电充电，故汽车上的发电机也必须输出直流电。另外汽车上很多控制电路的电子元件只能应用于直流电，所以为了方便使用，汽车电气系统为直流系统。

3. 单线制

单线制是汽车电路的突出特点之一，它是指从电源到用电设备只用一根导线连接，并利用汽车发动机、底盘和车身等金属机件作为各种用电设备的另一根公用导线，任何一个用电设备中的电流都是从电源的正极出发，经导线流入用电设备后，再由用电设备自身或者负极导线搭铁，通过金属机件流回电源负极形成回路。图1-9所示为单线制示意图。

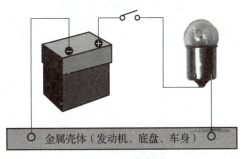

金属壳体（发动机、底盘、车身）

图1-9 单线制

由于单线制节省导线，安装维修方便，且电器总成部件不需与车体绝缘，大大降低了故障率，因此现代汽车大多采用单线制。但在一些特殊情况下，为了保证电气系统的工作可靠性，需要采用双线制。

4. 负极搭铁

采用单线制时，蓄电池的一个电极连接到发动机、底盘和车身等金属机件上，俗称搭铁。若蓄电池的负极与金属机件相连，则称为负极搭铁；反之，若蓄电池的正极与金属车体连接，则称为正极搭铁。按照我国汽车行业标准规定，国产汽车电气系统均采用负极搭铁。负极搭铁能减少蓄电池电缆铜端子在车架车身连接处的电化学腐蚀，提高了搭铁的可靠性。

5. 用电设备并联

各电气设备均采用并联，汽车上的两个电源（蓄电池与发电机）之间以及所有电气设备之间都是正极接正极，负极接负极，并联连接，如图 1-10 所示。

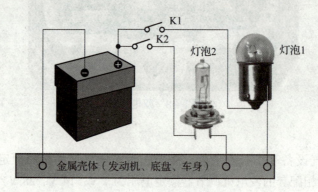

图 1-10　用电设备并联

因为采用并联连接，所以汽车在使用中，当某一支路电气设备损坏时，并不影响其他支路电气设备的正常工作。

任务实施

一、物料和工具领取

完成表 1-2 的填写。

表 1-2　物料和工具清单

序号	工具/物料名称	规格型号	数量	备注

二、对车辆电气设备的检查

如图 1-11 所示，对车上各个电气设备进行检查。

（1）检查灯光

①将灯光控制开关旋动一挡，然后检查示位灯、牌照灯、尾灯以及仪表板灯。

②将灯光控制开关旋转两挡后，检查近光灯是否发光，然后转到变光开关，检查远光灯

是否发光。

③把变光开关向前拉或上下转动信号转换开关时，转向灯和指示灯应正常，亮或闪。

④检查危险警告灯、停车灯、倒车灯和顶灯。

（2）检查玻璃清洗器和刮水器

起动发动机检查玻璃清洗器是否正常工作，喷射压力和喷射区域是否正常，然后通过组合开关控制刮水器动作，检查其是否工作。

（3）检查喇叭

在转向盘转动一圈的同时按动喇叭，检查喇叭是否正常工作。

（4）检查门控灯

依次打开4个车门，检查是否每一个车门打开时，车内顶灯都会亮起。

（5）检查尾灯

下车后检查尾灯是否松动。

（6）检查发电机传动带

打开发动机舱盖，检查发电机传动带是否松动。

（7）检查蓄电池

首先检查电解液液位是否正常，然后检查蓄电池是否有腐蚀、损坏和松动等故障。

经检查各项功能应正常，情况良好。

图1-11　车上电气设备功能检查

按照厂家要求，丰田卡罗拉轿车常规保养周期是1万千米或者6个月，因此客户的车辆必须进行保养，按照操作规程进行保养检查即可。在实际工作中，汽车电气系统的检查往往和其他部分的检查交叉进行。

任务评价

各组展示成果，介绍任务完成过程、制作过程视频、运行结果视频、技术文档整理情况并提交汇报材料，进行小组自评、组间互评、教师评价，完成考核评价表，见表1-3。

表1-3 考核评价表

序号	评价项目	评价内容	分值	自评 (30%)	互评 (30%)	师评 (40%)	合计
1	职业素养 (30分)	分工合理，制订计划能力强，严谨认真	5				
		爱岗敬业、安全意识、责任意识、服从意识	5				
		团队合作、交流沟通、互相协作、分享能力	5				
		遵守行业规范、现场6S标准	5				
		主动性强，保质保量完成工作页相关任务	5				
		能采取多样化手段收集信息、解决问题	5				
2	专业能力 (60分)	检查方法正确、规范	10				
		操作过程严肃认真、精益求精	10				
		程序设计合理、熟练	15				
		检查结果正确	10				
		技术文档整理完整	15				
3	创新意识 (10分)	创新性思维和行动	10				
	合计		100				

评价人签名：　　　　　　　　　　　　时间：

知识拓展

汽车电气系统的发展趋势

未来汽车电气设备的主要发展方向仍然是节能、环保、安全和舒适，其主要变化如下。

（1）提高汽车供电系统的电压

随着汽车车载电气设备数量的持续增加，同时电子设备的用电功率也在不断增加，现有车载供电系统提供的功率可能满足不了实际需求，汽车的供电系统由12 V向24 V转化，甚至将来可能采用集成起动机——发电机的42 V供电系统。汽车供电电压的提高，并结合车载网络系统的发展，将使线束的体积和质量得以有效减少，机械式的继电器、熔丝式保护电路将被淘汰，电能的损耗将大大降低。

（2）向智能化、网络化方向发展

随着智能运输系统和汽车车载电气网络化的发展，汽车电气设备将向智能化、网络化的方向发展，将广泛使用蜂窝电话与全球定位系统（GPS），以及多路总线分布式网络来集成所有汽车部件的电子控制模块，使整个系统具有故障诊断、数据融合和一定的自我修复功能。

课后练习

一、填空题

1. 汽车电气系统由_____、_____和_____三大部分组成。

2. 汽车电气系统具有_____、_____、_____、_____和用电设备并联等特点。

3. 信号系统包括_____和_____，用来提供车辆安全运行所必需的信号。

4. _____包括中央接线盒、电路开关、熔断器、继电器、线束和插接器等，其作用是使全车电路构成一个统一的整体。

二、判断题

1. 当发电机不工作或其转速较低导致其电压低于蓄电池电压时，蓄电池向全车用电设备供电。　　　　　　　　　　　　　　　　　　　　　　　（　　）

2. 正极搭铁能减少蓄电池电缆铜端子在车架车身连接处的电化学腐蚀，提高了搭铁的可靠性。　　　　　　　　　　　　　　　　　　　　　　　（　　）

3. 根据《汽车电气设备基本技术条件》规定，汽车电气产品标的额定电压规定为三种：12 V、24 V 和 48 V。　　　　　　　　　　　　　　　　　（　　）

4. 汽车电气系统之间采用并联连接，所以当某一支路电气设备损坏时，并不影响其他支路电气设备的正常工作。　　　　　　　　　　　　　　　（　　）

课程思政故事

任务二
汽车电路图的识读与分析

任务描述

　　一辆大众迈腾 B8 轿车，按方向盘的电喇叭开关时，发现喇叭不响了，要解决这个故障需要掌握汽车电路分析的知识和相关技能。汽车电路图在汽车电气故障诊断中发挥着重要的作用，能够正确分析汽车电路图，是汽车维修人员必备的技能之一。能够分析汽车电路图的前提条件是要熟悉汽车电路图的组成与特点等基本知识，并且需要掌握汽车电气系统的基本工作原理和电路控制原理。

学习目标

目标类型	目标要求
知识目标	掌握组成汽车电路的导线、开关、保护装置、继电器的功能、种类及特点
	掌握汽车电路图的识读方法及技巧
技能目标	能够对常见电路保护装置、电路控制装置等进行正确的拆装及检测
	能够对大众车系、丰田车系等主流车型电路图进行正确识读，能够对主要电气设备工作过程进行电路分析
思政目标	能够养成积极主动的学习态度
	能够养成严谨细致、求真务实的职业素养

任务准备

　　将班级学生分组，3 人或 4 人为一组，由轮值安排生成组长，使每个人都有锻炼组织协调和管理能力的机会。每人都有明确的任务分工，机电维修组长 1 人、机电维修中工 1 人、机电维修学徒 1~2 人，模拟任务实施过程，培养团队合作、互帮互助精神和协同攻关能力。任务分组见表 1-4。

表 1-4　任务分组

组长		组名		指导老师	
团队成员	学号	角色指派		备注	
		机电维修组长		任务进度安排	
		机电维修中工		任务主实施	
		机电维修学徒		任务协助实施	
		机电维修学徒		任务协助实施	

任务引导

引导问题 1：关于汽车上的控制开关，我们知道有哪些类型？

引导问题 2：汽车上的保险有不同的颜色，你知道保险丝不同颜色所代表的含义吗？

引导问题 3：平时生活中，你接触过家用电器的维修电路图吗？电路图上一般包含哪些内容？

知识链接

知识点一　汽车电路图的组成

汽车电路图在汽车电器故障诊断中发挥着重要的作用，能够正确识读汽车电路图，是汽车维修人员必备的技能之一。读懂汽车电路图的前提条件是掌握汽车电气系统的基本工作原理，熟悉汽车电路图的组成与特点等基本知识。

汽车电气系统的基础元件主要有导线、控制开关、电路保护装置、继电器、插接器、二极管、晶体管、电容器和热敏电阻器等，它们是汽车电路的基本组成部分。

1. 导线

汽车用导线有低压导线和高压导线两种，都采用铜制多丝软线。

（1）低压导线

1）导线分类

低压导线分为普通导线、起动导线和搭铁导线三种。低压导线根据电路的额定电压、工

项目一　汽车电路图分析

作电流和绝缘要求等选取导线截面积、绝缘层的类型，不同规格和用途的导线可通过导线的颜色加以区分，常见的导线由多股细铜丝绞制而成，外层为绝缘层。

①普通导线。普通导线为带绝缘包层的铜质多丝软线。根据外皮绝缘包层的材料不同，普通低压导线又分为 QRV 型（聚氯乙烯绝缘包层）和 QFR 型（聚氯乙烯 – 丁氰复合绝缘包层）两种。

普通导线的横截面面积主要根据用电设备的工作电流进行选择，但汽车电气系统中所用的导线的截面积不得小于 0.5 mm²。

随着汽车电气设备的增多，导线的数量不断增加，为了便于维修，连接各设备的导线常以不同的颜色加以区分，其中截面积在 4 mm² 以上的采用单色线，而 4 mm² 以下的导线均采用双色线，搭铁线都采用黑色线。

②起动导线为带绝缘包层且横截面面积较大的铜质或铝质多丝软线。起动导线是一种专用连接导线，接在蓄电池正极与起动机电源端子 30 之间，其横截面面积有 25 mm²、35 mm²、50 mm²、70 mm² 等多种规格，允许电流高达 500 A 乃至 1 000 A 以上，为了保证起动机正常工作并产生足够的驱动力矩要求，要求起动线路上每 100 A 电流产生的电压降不得超过 0.1 ~ 0.15 V。

③搭铁导线是一种专用连接电缆，连接在蓄电池负极与车身金属或发动机机体之间，也叫作蓄电池搭铁线。搭铁导线是由铜丝编织而成的扁形软铜线或带绝缘包层且横截面面积较大的铜质多丝软线。

2）导线截面积

导线标称截面积是根据规定换算方法得到的截面积值，它既不是线芯的几何面积，也不是各股铜线几何面积之和。

导线的截面积根据所接用电设备的电流值确定。为保证导线有足够的机械强度，规定截面积最小不能小于 0.5 mm²。起动电缆用于连接蓄电池与起动机开关的主接线柱，导线截面积大，允许通过的电流达 500 ~ 1 000 A。蓄电池的搭铁电缆，通常采用由铜丝编织而成的扁形软铜线，应搭铁可靠，以满足大电流起动的要求，汽车各电路的导线规格见表 1 – 5。

表 1 – 5　汽车各电路的导线截面积

电路	标称截面积/mm²	电路	标称截面积/mm²
指示灯、仪表灯、顶灯、牌照灯、燃油表、刮水器等电路	0.5	允许电流大于 5 A 的电路	1.3 ~ 4.0
转向灯、制动灯、停车灯等电路	0.8	电源电路	4 ~ 25
前照灯、额定电流小于 3 A 的电喇叭电路	1.0	起动电路	16 ~ 95
额定电流大于 3 A 的电喇叭电路	1.5	柴油机电热塞电路	4 ~ 6

3）导线颜色

为了便于安装和检修，汽车各电路的导线均采用不同的颜色，各国对汽车导线的颜色有不同的规定，例如我国要求截面积大于 4.0 mm² 的导线采用单色，其他导线则采用双色（在主色基础上加辅助色条）。

在导线的接线端和电路图上，一般都标有导线颜色代码。国际标准组织（ISO）规定：采用各颜色的英文字母为导线色码，我国及美国、英国、日本等均采用英文字母，但也有一些国家采用本国母语字母作为导线色码。我国汽车的导线颜色及代码见表 1-6。

表1-6　国产汽车各电路的导线颜色及代码

电气系统	主色	代码	电气系统	主色	代码
充电系统	红	R	仪表、报警信号、电喇叭电路	棕	N
起动和点火系统	白	W	收音机等辅助电器电路	紫	P
外部照明电路	蓝	U	辅助电动机及电器控制电路	灰	S
转向指示灯及灯光电路	绿	G	搭铁线	黑	B
防空灯和车内照明电路	黄	Y			

我国和美国汽车以黑色导线作为搭铁线，德系大众汽车以棕色导线作为搭铁线，日系丰田汽车以白色带黑条双色导线作为搭铁线，如图 1-12 所示。掌握了这些特点，有助于我们在汽车维修中方便地查找和解决问题。

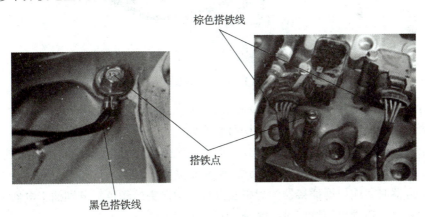

图1-12　搭铁线颜色

（2）高压导线

高压导线是一种输送高电压的专用导线（见图 1-13），用于连接汽车点火线圈和火花塞之间的电路，有普通铜芯高压导线和高压阻尼导线两种。由于高压导线的工作电压很高（一般都在 10 kV 以上），电流强度较小，因此，高压导线的绝缘包层很厚、线芯截面面积很小，但耐压性能很好。带阻尼的高压导线可抑制和衰减点火系统产生的高频电磁波，降低对电控装置和无线电设备的干扰。

图 1-13　高压导线

（3）线束

为了使全车线路规整、安装方便及保护导线，汽车上的全车导线除了高压线、蓄电池电缆和起动机电缆之外，一般将同区域的不同规格的导线用棉纱或薄聚氯乙烯带缠绕包扎成束，称为线束，如图 1-14 所示。整车主线束一般分为发动机舱线束、仪表板线束、车门线束和车后部线束等。

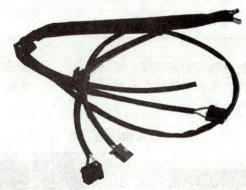

图 1-14　汽车线束

在进行线束安装与检修的时候需要注意以下事项：

①线束应用卡环或半钉固定，以防松垮或磨坏。

②线束不可拉得过紧，尤其在拐弯处；在绕过锐角或穿过金属孔时，应用橡皮或套管保护，否则容易磨坏线束而发生短路，以致烧毁全车线束。

③连接电器时，应根据插接器的规格及导线或插接头的颜色，分别插于电器上并插接到位。难以辨别时，通常可用试灯进行区分，不要用刮火法。

2. 插接器

插接器又称作连接器，也是通常所说的插头和插座，是一种用于连接线束与线束、线束与用电设备、线束与开关的电气装置，如图 1-15 所示。由于插接器连接可靠、检修方便，所以被广泛采用。插接器不能松动、腐蚀，为保证插接器的可靠连接，其上都有锁紧装置，而且为了避免安装中出现差错，插接器还制成不同的规格、形状。

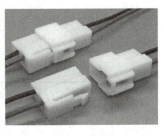

图1-15 汽车插接器

维修中如需要更换导线或取下插接器的接线端子，应先把插头和插座分开，然后用专用工具或小螺钉旋具插入插头或插座尾部的线孔内，撬起接线端子的锁紧凸缘，并将导线从后端拉出。

插接器由导线端子与塑料壳体或橡胶壳体组成，如图1-15所示。根据线束连接的需要，插接器有单路式、双路式或多路式几种。现代汽车线束中设有很多插接器，为了避免装配和安装时出现差错，通常将插接器制成不同型号规格、不同形状和颜色等以加以区分。

3. 控制开关

汽车中各用电设备或独立的电气系统中，都设有独立的控制开关。控制开关是支配电流流到附件最常用的部件，能控制电路工作的开、停或引导电流流到各个电器电路。

各种手动开关是汽车电路中最常见的电路控制装置，其类型也比较多，按开关的作用分为电源开关、点火开关、车灯开关和转向灯开关等；按开关的结构与功能不同，分为单置开关、复合开关和组合开关等；按操纵方式的不同，分为按键开关、旋钮开关、推拉开关等。

（1）点火开关

1）点火开关的工作原理

在所有的开关中，点火开关最为复杂，如图1-16所示，它控制着点火系统、电源系统、起动系统以及绝大多数的辅助电器设备。点火开关是一个复合开关，一般需用钥匙对其进行操纵。

图1-16 点火开关

图1-17所示为点火开关原理图。三片电刷组合在一起并同时转动，当点火钥匙拧到起动挡时，所有电刷转到"ST"位置，此时电刷B将蓄电池电压输送到点火线圈6，电刷C将蓄电池电压输送到起动系统和点火控制器3，电刷A没有输出。

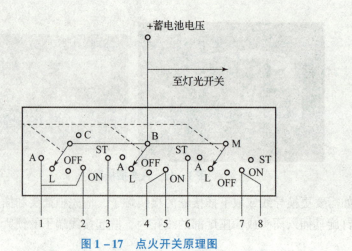

图1-17　点火开关原理图

A—附件；L—锁住；OFF—断开；ON—运行；ST—起动

1—连接刮水器、洗涤器；2—连接仪表；3—连接起动系统、点火控制器；4—连接点火控制器；

5—连接点火线圈、安全带报警灯；6—连接点火线圈；7—连接空调系统、转向信号灯；8—连接交流发电机报警灯

当发动机起动后，电刷便转到"ON"位置，此时电刷M、B、C的输出情况如图1-17所示。在电刷C的端子A和ON之间的跨接线，表示它所接的附件在点火开关的电刷处于ON和A位置，并且都可启动。

2）点火开关的其他功能

如图1-18所示，很多车型点火开关的锁体带有锁止方向盘的功能，如图中点火开关的LOCK位置。当把点火开关旋转到LOCK挡并拔下钥匙时，方向盘即被锁止。这些点火开关的各挡位通常是按LOCK（方向盘锁止挡）、ACC（备用挡）、ON（点火挡）、START（起动挡）的顺序排列的。

图1-18　有锁止方向盘功能的点火开关

有些车型还具备防止发动机误起动的功能（如大众轿车）：点火开关只能从OFF挡开始拧到ST挡，但没有起动发动机或发动机熄火时，若要重新起动发动机，必须将点火开关拧回到OFF挡，再从OFF挡拧回到ST挡。

3）具有防盗功能的点火开关

目前大部分汽车点火开关的钥匙采用了电子钥匙，具有防盗功能。其原理是：点火钥匙上装有一个晶片，每把钥匙所用的晶片有一特定的阻值，阻值范围为300～12 300 Ω。点火

钥匙除了像普通钥匙那样必须与锁体匹配之外，其晶片电阻值还要与起动机电路相匹配。

当点火钥匙插入锁体时，电阻晶片与电子检测触头接触。当锁体转到 ST 挡时，钥匙晶片的电阻值被输送到电子钥匙解码器，若钥匙晶片的电阻值与电子钥匙解码器中储存的电阻值一致，则起动机工作，同时起动信号发送给发动机 ECU，发动机 ECU 控制燃油喷射系统及点火系统完成发动机的起动过程。

如果钥匙晶片的电阻值与电子钥匙解码器中储存的电阻值不一致，电子钥匙解码器便禁止起动机工作。尽管锁体已经转到了起动位置，发动机仍然不能起动。

（2）组合开关

为了操作方便，保证行车安全，现在大多数汽车都将灯光开关、转向灯开关、紧急警告灯开关、刮水器/洗涤器开关等，组装在一个组合体内，称之为组合式开关，多数安装在便于驾驶人操纵的转向柱上。组合开关的操纵手柄上一般均标有表示用途的图形符号。组合开关实物如图 1-19 所示。

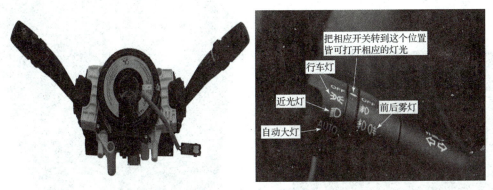

图 1-19　组合开关实物

4. 电路保护装置

为防止电路中导线或电气设备过载，在每个用电设备的电路中都需要电路保护装置。当电路中的电流超过规定值时，保护装置可自动切断电路，防止烧坏电路中的导线和电气设备。常用的电路保护装置有熔断器和断电器。

（1）熔断器

熔断器也称熔丝、保险丝、保险片等，主要用于线路短路保护，其材料多采用铝锡合金。熔断器一般用在负荷不大的电路中，当电路发生短路故障或在电路中电流过载的情况下，可在数秒内迅速熔断，自动切断电路，实施电路的自动保护。

熔断器的认识

熔断器按结构形式可分为熔管式、插片式、陶瓷式等多种形式，如图 1-20 所示。

如图 1-21 所示，熔断器集中装在熔断器盒（又称中央继电器盒、中央配电盒等）内，熔断器盒通常位于仪表台里面或仪表台下面的围板上、发动机罩下等位置。熔断器的规格及控制内容通常标在熔断器的盒盖上（见图 1-22），一些车型通常标注英文缩写字母。当熔断器被熔断后，更换新的熔断器时，必须选用额定电流值正确的熔断器，否则对电路及用电设备是有害的。如果换上新的熔断器后立刻又被熔断了，这说明电路出现了故障，此时需要排除故障后再装上新熔断器。

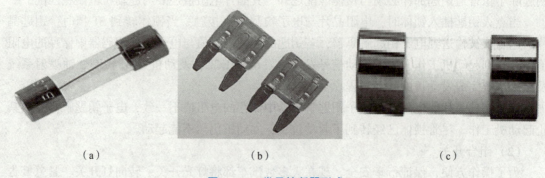

（a）　　　　　　　（b）　　　　　　（c）

图 1 - 20　常见熔断器形式
（a）熔管式；（b）插片式；（c）陶瓷式

图 1 - 21　熔断器盒　　　　　　　**图 1 - 22　熔断器盒盖上的标注信息**

（2）断电器

断电器用于正常工作时容易过载的电路中，断电器是利用双金属片受热变形的原理制成的。断电器按其作用形式有两种类型。

一类是当电路发生过载时，双金属片受热向上弯曲变形，使触点分离，自动切断电路，保护线路及用电设备。排除故障后，须用手按下按钮，使双金属片复位，如图 1 - 23所示。

另一类是当电路发生过载时，双金属片受热弯曲变形，触点打开，电路自动切断，当双金属片冷却后，自动复位，触点闭合，电路自动接通，双金属片又受热变形，触点再次打开，如此，断电器触点周期地打开和闭合，直至电路不过载为止，如图 1 - 24 所示。

5. 继电器

在汽车电路中应用了大量的继电器（实物如图 1 - 25 所示），它可以实现自动接通或者切断一对或者多对触点，从而控制电路的通断。

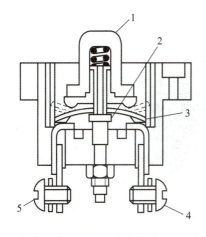

图 1 – 23　非循环式断电器（一）
1—复位按钮；2—双金属片；
3—触点；4，5—接线柱

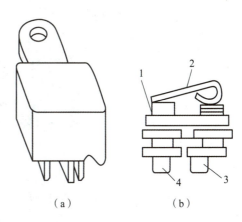

（a）　　　　　　（b）

图 1 – 24　非循环式断电器（二）
1—触点；2—双金属片；3，4—接线柱

图 1 – 25　继电器实物

继电器的主要作用是用小电流控制大电流，即用开关电路（小电流）来控制继电器电磁线圈电路，再通过继电器的触点控制用电设备的电路（大电流），这样可保护开关触点不被烧蚀，提高开关的使用寿命。继电器的控制原理如图 1 – 26 所示。通过开关 1 的电流 I_1 很小，可以保护开关可靠地工作；通过继电器 2 的电流 I_2 足够大，可以满足负载的需要。

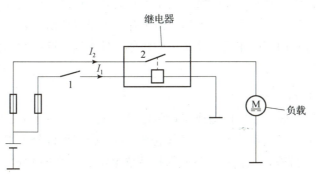

继电器工作原理

图 1 – 26　继电器的控制原理

继电器一般由线圈（包括铁芯）、触点（包括动触点、静触点）、接线端子（也称引脚）、衔铁、外壳等组成。为了减小继电器线圈断电时产生的自感电动势，保护开关和电子元件，有些继电器线圈两端还会并联一个电阻或续流二极管。继电器的内部结构如图 1 – 27 所示。

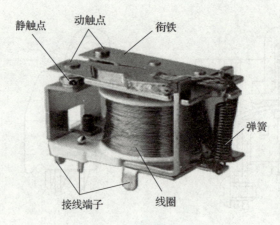

图1-27　继电器的内部结构

只要在继电器线圈两端加上一定的电压，线圈中就会流过一定的电流，从而产生电磁效应，衔铁就会在电磁力吸引的作用下克服弹簧的拉力吸向铁芯，从而带动衔铁的动触点与静触点吸合。当线圈断电后，电磁的吸力也随之消失，衔铁就会在弹簧的反作用力下返回原来的位置，使动触点与静触点断开。这样吸合、断开，从而达到在电路中导通、切断的目的。

知识点二　汽车电路图的类型

世界上各个汽车制造厂家在电路图的绘制上没有统一的规定，风格各异，但根据汽车电路图的特点，汽车电气系统常用的电路图有电路原理图、电气设备定位图和线束图。

1. 电路原理图

电路原理图是用简明的图形符号，根据汽车各电气系统的工作原理和电气设备的连接关系绘制而成的，既可以是全车电路图，也可以是各系统的局部电路图。电路原理图简洁清晰，电气设备间的连接控制关系十分清楚，对于维修人员了解电气设备的工作原理和分析排除电气系统的故障十分方便。

电路原理图多由汽车制造厂家提供，由于国家法规、传统习惯的差异，各个汽车制造公司提供的电路图在具体表达上有很大差异，但也存在着很多相似之处。我们在阅读汽车电路图的时候，可以充分利用不同车系电路图中的相似之处来提高读图效率。图1-28所示为丰田卡罗拉尾灯电路图。

2. 电气设备定位图

电气设备定位图一般采用立体图或实物照片的方式来表示汽车上各电气设备在车上的具体位置。按照汽车上电气设备的不同，汽车电气设备定位图可以分为用电器定位图、电控单元定位图、接地点（搭铁）定位图、过载保护装置定位图、诊断插座定位图等。

图1-29所示为卡罗拉汽车仪表板上控制模块及部件定位图。在阅读电路原理图的时候，参照电气设备定位图能更容易地读懂电路图，并且能把电路图与实物快速地联系起来，方便排除汽车电路的故障。

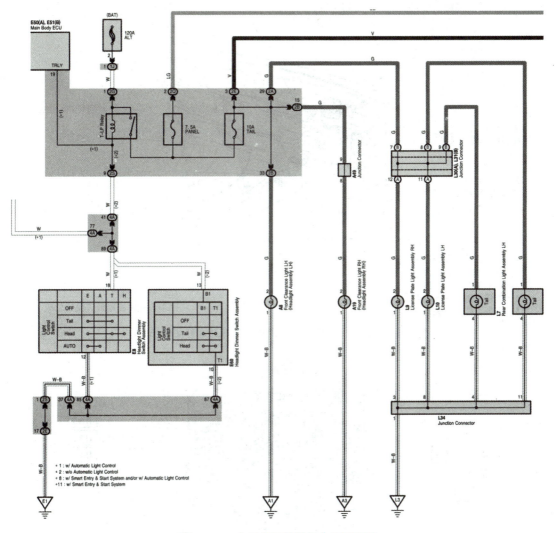

图 1－28　丰田卡罗拉尾灯电路原理图

3. 线束图

所谓线束就是将汽车上走向相同的各类导线包扎在一起，构成像电缆一样的一束线。根据线束在汽车上的位置不同，我们可以把线束图分为发动机室线束图、仪表板线束图、底盘线束图、车身线束图和辅助线束图等。辅助线束多用于辅助电器和车身线束、底盘线束间的连接，例如车顶线束、车窗线束、ABS 线束等。图 1－30 所示为卡罗拉汽车发动机室线束图。

汽车电气设备检修

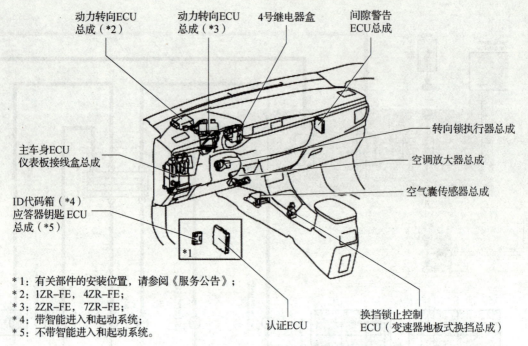

图1-29　卡罗拉仪表板上控制模块及部件定位图

* 1：有关部件的安装位置，请参阅《服务公告》；
* 2：1ZR-FE，4ZR-FE；
* 3：2ZR-FE，7ZR-FE；
* 4：带智能进入和起动系统；
* 5：不带智能进入和起动系统。

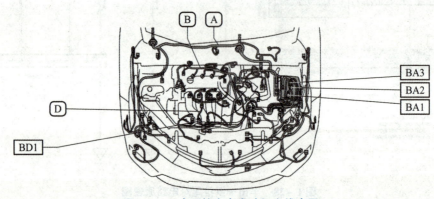

图1-30　卡罗拉汽车发动机室线束图

知识点三　电路图的常用电气图形符号

　　汽车电气元件的结构比较复杂，如果直接在电路图上画出电气元件将使电路图异常复杂，也不容易看懂，因此，在汽车电路图中都采用相应的电气图形符号来表示。虽然不同车型的电路图不相同，但汽车电路图中采用的电气图形符号大体相同，并且电路图中都有相应的说明解释所采用的符号，表1-7所示为丰田车系电路图的电气图形符号。

表1-7　丰田车系电路图的电气图形符号

符号	名称	符号	名称
⊣⊢	蓄电池	t°	传感器（热敏电阻）
⊣⊦	电容器		模拟速度传感器

符号	名称	符号	名称
	点烟器		短插脚
	断路器		电磁线圈
	二极管	1	前照灯 1. 单丝 2. 双丝
	稳压二极管	2	
	分电器、集成式点火总成		电喇叭
	熔断丝		点火线圈
	熔断器		
	地线		
	继电器 1. 通常闭合 2. 通常断开		照明灯、信号灯、仪表灯、指示灯
			LED（发光二极管）
			模拟式仪表
	双投式继电器	FUEL	数字式仪表
	电阻器	M	直线电动机
	分接式电阻		扬声器
	可变式电阻（变阻器）		
	手动式开关 1. 通常断开 2. 通常闭合		刮水器开关
	双投式开关		晶体管

	点火开关	导线 1. 未连接 2. 绞接

知识点四　识读汽车电路图的基本方法

（1）认真读懂图注

图注说明了该车上所有电气设备的名称及其数码代号，通过读图注可以初步了解车上都装备了哪些电气设备。然后通过电气设备的数码代号在电路图中找出该电气设备，再进一步找出相互连线、控制关系。

（2）牢记电气图形符号

汽车电路图是利用电气图形符号来表示电气设备构造及其工作原理的。因此，必须牢记电气图形符号的含义，才能看懂电路原理图。

（3）牢记汽车电路特点

牢记汽车电路的单线制、负极搭铁、用电设备并联等特点。

（4）牢记回路原则

任何一个完整的电路都是由电源、熔断器、开关、控制装置、用电设备、导线等组成。电流流向必须从电源正极出发，经过熔断器、开关、控制装置、导线等到达用电设备，再经过导线（或搭铁）回到电源负极，才能构成回路。因此进行电路读图时，有3种思路：

①沿着电路电流的流向，由电源正极出发，依次查找到开关、控制装置、用电设备等，再回到电源负极。

②逆着电路电流的方向，由电源负极（搭铁）开始，经过用电设备、开关、控制装置等回到电源正极。

③从用电设备开始，依次查找其控制开关、连线、控制单元，到达电源正极和搭铁（或电源负极）。

实际应用时，可视具体电路选择不同思路，但有一点值得注意：随着电子控制技术在汽车上的广泛应用，大多数电气设备电路同时具有主回路和控制回路，读图时要兼顾两回路。

（5）浏览全图，分割各个单元系统

要读懂汽车电路图，首先必须掌握组成电路的各个电气元件的基本功能和电气特性。在大概掌握全图的基本原理的基础上，再把一个个单元系统电路分割开来，这样就容易抓住每一部分的主要功能及特性。

在框划各个系统时，一定要遵守回路原则，注意既不能漏掉各个系统中的组件，也不能多框划其他系统的组件，一般规律是：各电气系统只有电源和总开关是公共的，其他任何一个系统都应是一个完整的独立的电气回路，即包括电源、开关（熔丝）、电器（或电子线路）、导线等。从电源的正极经导线、开关、熔丝至电器后搭铁，最后回到电源负极。

从整车电路来讲，各局部电路除电源电路公用外，其他单元电路都是相对独立的，但它们之间也存在着内在联系（如信号共享）。因此，识图时，不但要熟悉各局部电路的组成、特点、工作过程和电流流经的路径，还要了解各局部电路之间的联系和相互影响。这是迅速找出故障部位、排除故障的必要条件。

（6）掌握各种开关在电路中的作用

对多层多挡接线柱的开关，要按层、按挡位、按接线柱逐级分析其各层各挡的功能。有的用电设备受两个以上单挡开关（或继电器）的控制，有的受两个以上多挡开关的控制，其工作状态比较复杂。当开关接线柱较多时，首先抓住从电源来的一两个接线柱，再逐个分析与其他各接线柱相连的用电设备处于何种挡位，从而找出控制关系。

对于组合开关，实际线路是在一起的，而在电路图中又按其功能画在各自的局部电路中，遇到这种情况必须仔细研究识读。

（7）全面分析开关、继电器的初始状态和工作状态

在电路图中，各种开关、继电器都是按初始状态画出的。即按钮未按下、开关未接通、继电器线圈未通电、其触点未闭合（指常开触点），这种状态称为原始状态。在识图时，不能完全按原始状态分析，否则很难理解电路的工作原理，因为大多数用电设备都是通过开关、按钮、继电器触点的变化而改变回路的，进而实现不同的电路功能。所以，必须进行工作状态的分析。

（8）掌握电气装置在电路图中的位置

大量电气装置是机电合一的，在电路图上表示时，厂家为了使画法既简单又便于识图，多根据实际情况采用集中或分开表示法。

集中表示法是把一个电气装置的各组成部分，在图上集中绘制的一种表示方法。此法仅适用于较简单的电路。

分开表示法，如把继电器的线圈、触点分别画在不同的电路中，用同一文字符号或数字符号将分开部分联系起来。

（9）先易后难

有些汽车电路图的某些局部电路可能比较复杂，一时难以看懂，可以暂时将其放一放，待其他局部电路都看懂后，结合看懂图中与该电路有联系的有关信息，再来进一步识读这部分电路。

（10）以电子控制系统的电控单元（ECU）为中心

汽车电子控制系统越来越多，识读电路图时要以电控系统的 ECU 为中心，因为这是整个系统的控制中心，所有电器部件都必然与这里发生关系。

对 ECU 的各个端子有大致印象，弄清楚分为几个区域，各区端子排列的规律。

找出该系统给 ECU 供电的电源线有哪些，注意一般 ECU 都不止一根电源线，弄清楚各电源线的供电状态（如常火线或开关控制）；找出该系统的搭铁线有哪些，注意分清哪些是在 ECU 内部搭铁，哪些是在车架上搭铁，哪些是在各总成机体上搭铁；找出哪些是系统的信号输入传感器，各传感器是否需要电源，并找出相应的电源线，该传感器在何处搭铁；找出系统的执行器有哪些，弄清电源供给和搭铁情况，电脑控制执行器的方式（控制搭铁端或电源端）。

（11）注意搜集资料和积累经验

对于看不懂的电路要善于请教有关人员，同时还要善于查找收集相关资料；注意深入研究典型汽车电路，做到触类旁通；特别注意实际工作经验的积累，新技术、新工艺的应用和创新。

任务实施

一、物料和工具领取

完成表 1–8 的填写。

表 1–8　物料和工具清单

序号	工具/物料名称	规格型号	数量	备注

二、大众汽车电路图的识读

图 1–31 所示为德国大众迈腾汽车的部分电路图。德系汽车电路图的特点是：所有电路都是纵向排列，互相不交叉；整个电路以中央继电器盒为中心。

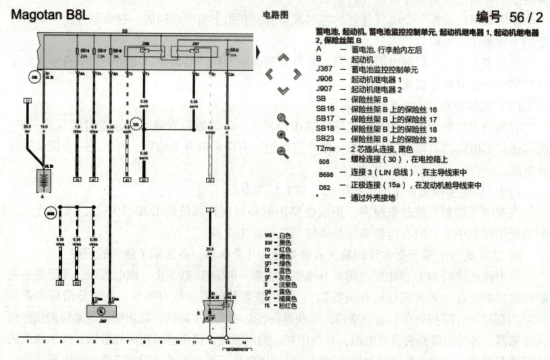

图 1–31　大众迈腾汽车部分电路图

1. 电路图的上部分

电路图的上部分主要指中央继电器盒的接线部分，包括继电器、熔断器（保险丝）及插接器等。迈腾汽车继电器和保险丝座盒的正面如图1–32所示。

图1–32　大众迈腾继电器和保险丝座盒

2. 电路图的中间部分

电路图的中间部分包括各种导线、各种开关、控制单元及用电设备。电路图中间部分的含义如图1–33所示。

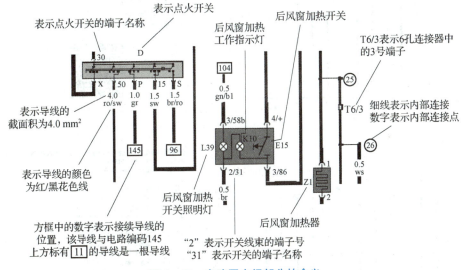

图1–33　电路图中间部分的含义

3. 电路图的下部分

电路图的下部分主要由电路编码及搭铁点组成。电路图下部分的含义如图1–34所示。

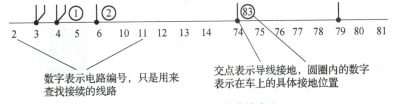

图1–34　电路图下部分的含义

三、电路分析及故障诊断

1. 故障现象确认

打开点火开关,打开前大灯开关,发现车前大灯正常点亮,说明蓄电池供电正常。按下电喇叭按钮,喇叭不响。

2. 电路分析

图 1-35 是汽车生产厂家提供的大众迈腾 B8 轿车信号喇叭的电路控制原理图。

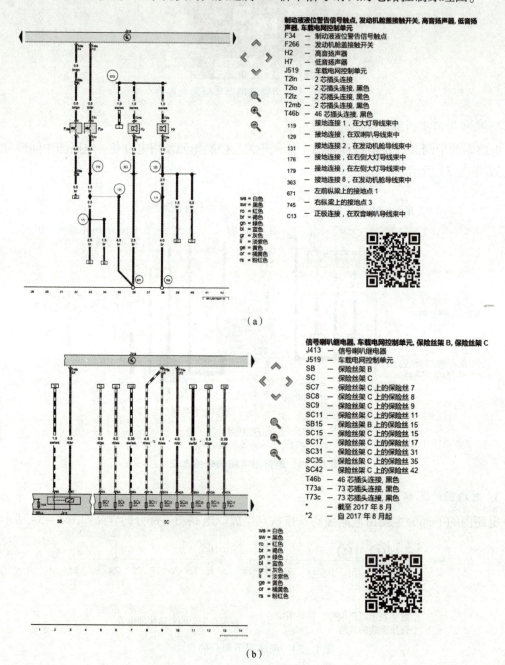

制动液液位警告信号触点,发动机舱盖接触开关,高音扬声器,低音扬声器,车载电网控制单元

F34 — 制动液液位警告信号触点
F266 — 发动机舱盖接触开关
H2 — 高音扬声器
H7 — 低音扬声器
J519 — 车载电网控制单元
T2ln — 2 芯插头连接
T2lo — 2 芯插头连接,黑色
T2lz — 2 芯插头连接,黑色
T2mb — 2 芯插头连接,黑色
T46b — 46 芯插头连接,黑色
119 — 接地连接 1,在大灯导线束中
129 — 接地连接,在双喇叭导线束中
131 — 接地连接 2,在发动机舱导线束中
176 — 接地连接,在右侧大灯导线束中
179 — 接地连接,在左侧大灯导线束中
363 — 接地连接 8,在发动机舱导线束中
671 — 左前纵梁上的接地点 1
745 — 右纵梁上的接地点 3
C13 — 正极连接,在双音喇叭导线束中

ws = 白色
sw = 黑色
ro = 红色
br = 褐色
gn = 绿色
bl = 蓝色
gr = 灰色
li = 淡紫色
ge = 黄色
or = 橘黄色
rs = 粉红色

(a)

信号喇叭继电器,车载电网控制单元,保险丝架 B,保险丝架 C

J413 — 信号喇叭继电器
J519 — 车载电网控制单元
SB — 保险丝架 B
SC — 保险丝架 C
SC7 — 保险丝架 C 上的保险丝 7
SC8 — 保险丝架 C 上的保险丝 8
SC9 — 保险丝架 C 上的保险丝 9
SC11 — 保险丝架 C 上的保险丝 11
SB15 — 保险丝架 B 上的保险丝 15
SC15 — 保险丝架 C 上的保险丝 15
SC17 — 保险丝架 C 上的保险丝 17
SC31 — 保险丝架 C 上的保险丝 31
SC35 — 保险丝架 C 上的保险丝 35
SC42 — 保险丝架 C 上的保险丝 42
T46b — 46 芯插头连接,黑色
T73a — 73 芯插头连接,黑色
T73c — 73 芯插头连接,黑色
* — 截至 2017 年 8 月
*2 — 自 2017 年 8 月起

ws = 白色
sw = 黑色
ro = 红色
br = 褐色
gn = 绿色
bl = 蓝色
gr = 灰色
li = 淡紫色
ge = 黄色
or = 橘黄色
rs = 粉红色

(b)

图 1-35 迈腾喇叭电路原理图

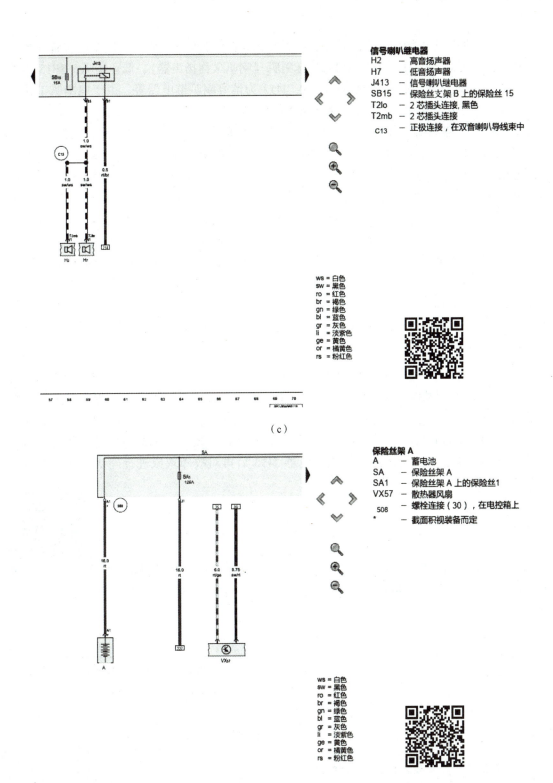

信号喇叭继电器

H2	—	高音扬声器
H7	—	低音扬声器
J413	—	信号喇叭继电器
SB15	—	保险丝支架 B 上的保险丝 15
T2lo	—	2 芯插头连接，黑色
T2mb	—	2 芯插头连接
C13	—	正极连接，在双音喇叭导线束中

ws	=	白色
sw	=	黑色
ro	=	红色
br	=	褐色
gn	=	绿色
bl	=	蓝色
gr	=	灰色
li	=	淡紫色
ge	=	黄色
or	=	橘黄色
rs	=	粉红色

（c）

保险丝架 A

A	—	蓄电池
SA	—	保险丝架 A
SA1	—	保险丝架 A 上的保险丝1
VX57	—	散热器风扇
508	—	螺栓连接（30），在电控箱上
*	—	截面积视装备而定

ws	=	白色
sw	=	黑色
ro	=	红色
br	=	褐色
gn	=	绿色
bl	=	蓝色
gr	=	灰色
li	=	淡紫色
ge	=	黄色
or	=	橘黄色
rs	=	粉红色

（d）

图 1-35　迈腾喇叭电路原理图（续）

①对照电路图上的图注和图形符号，熟悉相关元器件名称及其在电路图中的位置、数量和线路连接情况。图中 H2、H7 分别为高音喇叭（喇叭又称扬声器）、低音喇叭，SB15 为保险丝支架 B 上编号为 15 的熔断器（15 A），J413 为信号喇叭继电器等。由于电喇叭工作电流比较大，为了保护电喇叭按钮，一般在电喇叭控制电路中设有喇叭继电器。

②根据"回路原则"分析电路。任何一个电路都是一个完整的电气回路，它包括电源、开关（或熔断器）、用电设备、导线和插接器等，并从电源正极经导线、开关（或熔断器）至用电设备后搭铁，回到同一电源的负极。图 1 – 35 中高、低音喇叭，电流从蓄电池正极通过熔断器 SB15，再经闭合的信号喇叭继电器 J413 触点，分别至高音喇叭 H2 和低音喇叭 H7，最后高低音喇叭另一端流向不同的接地连接搭铁，电流回到蓄电池负极。

③注意电路中开关或继电器的状态。大多数电气设备都是通过开关（包括电子开关）或继电器的不同状态而形成回路或改变回路实现不同功能的。例如，上述高低音喇叭 H2 和 H7 的回路，必须在信号喇叭继电器 J413 的触点闭合时才能形成，而 J413 触点闭合的条件是继电器线圈能够得电导通。同理，从电路图也能分析出，J413 中线圈必须在车载电网控制单元 J519 中起开关作用的晶体管导通时，才能通过电控单元中的搭铁点（T46b/24 端子）形成回路。

3. 故障诊断

结合以上电路图分析，从蓄电池正极沿着电流流向方向开始检查，先用汽车专用万用表检查熔断器 SB15 两端电压为 +B，正常；在按下喇叭开关的过程中，用万用表测量信号喇叭继电器 J413 的 30#、87#，正常情况下，30#、87#电压应为 +B，实际测得 30#电压为 +B，87#电压为 0，同时触摸继电器外壳无触点闭合的振动感，发现继电器内触点未闭合，初步怀疑 J413 内部故障。进一步更换喇叭继电器 J413 后再对故障现象进行确认，喇叭正常工作，故障排除。

任务评价

各组展示成果，介绍任务完成过程、制作过程视频、运行结果视频、技术文档整理情况并提交汇报材料，进行小组自评、组间互评、教师评价，完成考核评价表，见表 1 – 9。

汽车电路图的识读

表 1 – 9　考核评价表

序号	评价项目	评价内容	分值	自评 （30%）	互评 （30%）	师评 （40%）	合计
1	职业素养 （30分）	分工合理，制订计划能力强，严谨认真	5				
		爱岗敬业、安全意识、责任意识、服从意识	5				
		团队合作、交流沟通、互相协作、分享能力	5				

序号	评价项目	评价内容	分值	自评（30%）	互评（30%）	师评（40%）	合计
1	职业素养（30分）	遵守行业规范、现场 6S 标准	5				
		主动性强，保质保量完成工作页相关任务	5				
		能采取多样化手段收集信息、解决问题	5				
2	专业能力（60分）	检查方法正确、规范	10				
		操作过程严肃认真、精益求精	10				
		程序设计合理、熟练	15				
		检查结果正确	10				
		技术文档整理完整	15				
3	创新意识（10分）	创新性思维和行动	10				
合计			100				

评价人签名：　　　　　　　　　时间：

知识拓展

一、日系丰田卡罗拉汽车电路图的识读

图 1 - 36 所示为丰田卡罗拉汽车的原版电路图示例。丰田卡罗拉汽车原版电路图以系统电路原理图为主，各系统电路的实际配线是指从蓄电池开始的电源点到各搭铁点的配线。所有电路图均显示所有开关关闭时的状态。电路图由图、图注两部分组成，前部分为系统电路图，表达接线及控制关系；后部分为电路元件位置说明部分，利用索引的方式说明电路中各元件在车上的位置，方便技师维修时查找。

丰田卡罗拉汽车原版电路图的识读规律如下：

①利用系统电路图来了解各个用电设备的工作原理。

②利用电流流程图来了解熔丝到各个用电设备的控制关系。

③利用搭铁点电路图来了解各个用电设备到搭铁点的连接情况。

④利用继电器位置分布图来找出继电器与熔丝在车上的位置。

⑤利用系统电路图来找出各个零件、接线盒、线束和线束插接器在车上的具体位置。

⑥利用系统电路图来找出各个零件、线束插接器及系统电路的搭铁点。

⑦利用"总电路图"来了解各系统之间相关的配线。

项目一　汽车电路图分析

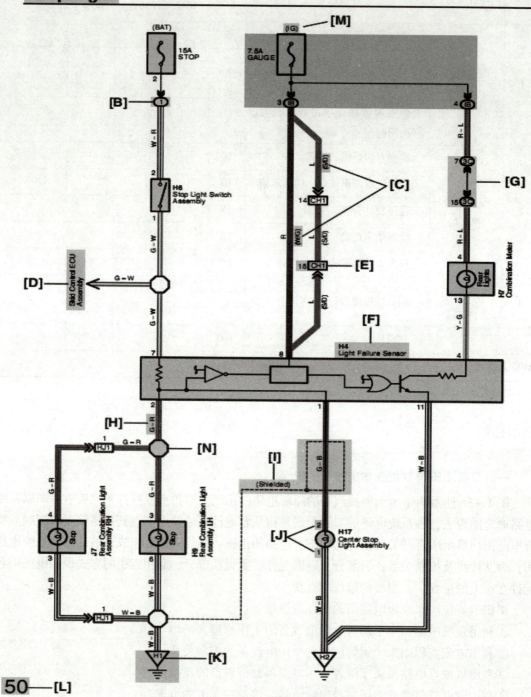

图 1-36　丰田卡罗拉电路图示例

始终使电流通过制动灯保险丝加到制动灯开关总成的端子 2 上。

打开点火或起动机开关总成时，电流从仪表保险丝流到灯故障传感器的端子 8，同时也流经后灯警告灯至灯故障传感器的端子 4。

制动灯断开警告

打开点火或起动机开关总成并踩下制动踏板（制动灯开关总成 ON），如果制动灯电路断路，且从灯故障传感器的端子 7 流到端子 1、2 的电流改变，则灯故障传感器检测到断开，且灯故障传感器的警告电路被激活。因此，电流从灯故障传感器的端子 4 流到端子 11，再流到搭铁点，并使后灯警告灯亮起。通过踩下制动踏板，流到灯故障传感器的端子 8 的电流使警告电路保持 ON，并在关闭点火或起动机开关总成之前一直使警告灯亮起。

图中各个标号的含义如下：

[A]：系统名称，即该电路图表示的电路名称。

[B]：表示继电器盒。无阴影表示且仅显示继电器盒号，以区别接线盒，例如图中位置表示 1 号继电器盒。

[C]：当车辆型号、发动机类型或规格不同时，用( )来表示不同的配线和插接器。

[D]：表示相关系统。

[E]：表示用以连接两根线束（阳或阴）插接器的代码。该插接器代码由两个字母和一个数字组成。插接器代码的第一个字符表示带阴插接器线束的字母代码，第二个字符表示带阳插接器线束的字母代码。阴插接器和阳插接器如图 1 – 37 所示。

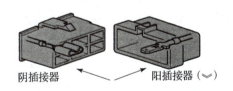

阴插接器　　　　阳插接器（⩾）

图 1 – 37　阴插接器和阳插接器

第三个字符（数字）表示在出现多种相同的线束组合时，用于区分线束组合的系列号（如 CH1 和 CH2）。符号 ⩾ 表示阳端子插接器。插接器代码外侧的数字表示阳插接器或阴插接器的端子编号。

[F]：表示零部件（所有零部件用天蓝色表示）。此代码与零部件位置图中所用的代码相同。

[G]：接线盒（圈内的数字是接线盒号，旁边为插接器代码）。接线盒用阴影标出，以便将它与其他零部件清楚地区别开。示例如图 1 – 38 所示。

[H]：表示配线颜色。配线颜色用字母表示，第一个字母表示基本配线颜色，第二个字母表示条纹的颜色。

[I]：表示屏蔽电缆。

[J]：表示插接器端子的编号。

阳插接器和阴插接器的编号系统各异。阴插接器从左上到右下依次标出编号，阳插接器则是从右上到左下依次标出编号。示例如图 1 – 39 所示。

图 1 – 38　接线盒表示示例　　　　图 1 – 39　插接器端子的编号

[K]：表示搭铁点。该代码由一个字母和一个数字两个字符组成。

该代码的第一个字符表示指示线束的字母代码，第二个字符表示在同一线束有多个搭铁点时做区别用的系列号。

[L]：页码。

[M]：表示熔断器通电时的点火开关位置。

[N]：表示配线接点。

二、汽车电路常见的主要干路

现在汽车电气设备一般采用单线制、并联连接和负极搭铁等方式连接，连接电路的导线采用不同的颜色和编号加以区分，并且以点火开关为中心将全车电路分成几条主干线，即蓄电池相线（B 线或 30 号线）、附件相线（ACC 线或 15 A 线）、钥匙开关相线（15 号线）、起动控制线（ST 线或 50 号线）、搭铁线（接地线或 31 号线）。

1. 蓄电池相线（B 线或 30 号线）

从蓄电池正极引出直通熔断器盒，也有的汽车的蓄电池相线接到起动机相线接线柱上，再从那里引出较细的相线。

2. 点火、仪表、指示灯线（IG 线或 15 号线）

点火开关在 ON（工作）和 ST（起动）挡才能供电的电源线一般用来控制点火、励磁、仪表、指示灯、信号、电子控制系统等发动机工作时的重要电路。

3. 附件电源线（ACC 线或 15 A 线）

用于当发动机不工作时需要接入的电气设备，如收放机、点烟器等。

4. 起动控制线（ST 线或 50 号线）

用于对起动机的控制电路进行控制并且提供电源。当大功率起动机起动时工作电流大，易烧蚀点火开关"30"与"50"之间的触点，为了保护点火开关起动挡"30"与"50"之间的触点，需要加装起动机继电器（如东风、解放及三菱重型车）。在安装有自动变速器的轿车上，为了保证空挡起动，常在 50 号线上串有空挡开关。

5. 搭铁线（接地线或 31 号线）

现代汽车局部采用双线制，设有专门公共搭铁接点，编绘专门搭铁电路图。为了保证起动时减小电路接触压降，需将蓄电池极桩夹头、车架彻底除锈、去漆、拧紧。

课后练习

课程思政故事

一、填空题

1. 汽车导线分为_____、_____两种，都采用铜制多丝软线。

2. 汽车线束分为_____、_____、_____等。

3. 断电器在电路中，可防止电路_____。

4. 根据汽车电路图的特点，汽车电气系统常用的电路图有_____、_____和_____等几种类型。

二、简答题

1. 常见的汽车电路保护装置有哪几种？

2. 识别汽车电路图的基本方法有哪些？

3. 继电器在汽车电路中起到的主要作用是什么？

4. 汽车电路常见的主要干路有哪些？试举例说明。

三、赛证练习

准备"1 + X"职业技能领域职业技能等级标准考核用车 1 辆，并备齐考核用的相关工具、设备后，进行以下技能等级考核试题的练习。

一、车辆信息记录					
品牌		整车型号		生产日期	
发动机型号		发动机排量		行驶里程	
车辆识别码					

二、查询维修手册，记录右前大灯侧，右前转向灯针脚信息及线束颜色/导线编码

1. 右前转向灯针脚信息查询

元件名称	针脚	线束颜色/导线编码	线束说明		
右前转向灯			□信号线	□接地线	□供电线
			□信号线	□接地线	□供电线
			□信号线	□接地线	□供电线
			□信号线	□接地线	□供电线
			□信号线	□接地线	□供电线
			□信号线	□接地线	□供电线

2. 右前转向灯与灯光控制单元模块的导通性及信号针脚波形检测（读取到波形后需考官确认）

电子元件名称	元件电路编号	与控制模块导通针脚	是否导通	信号波形	判定
					正常□　异常□

项目二
电源系统检修

为了能安全、方便和舒适地驾驶汽车，汽车装有许多电气装置。汽车不但在行驶时要用电，停车时也用电。因此，汽车电源系统是汽车使用过程中不可或缺的系统。汽车电源系统是由发电机、电压调节器（有些装在发电机内）、蓄电池等组成。蓄电池主要用于发动机起动时短时间内向起动机及点火系统供电，发动机正常工作时则由发电机向全车用电设备供电，同时剩余的电力向蓄电池充电，保证蓄电池拥有足够的电力；电压调节器在发电机上保证其输出的电压稳定在一定范围内，防止因电压起伏过大而烧毁用电设备。本项目着重培养学生的安全意识、环保意识和精益求精的工匠精神。

图2-1所示为电源系统整体图。

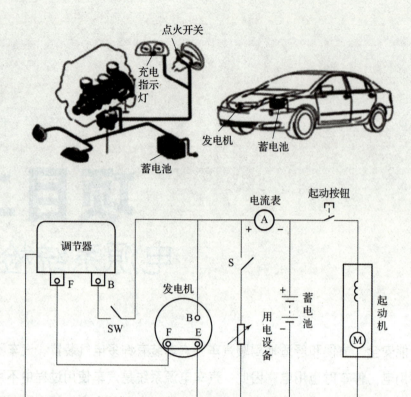

图 2 –1　电源系统整体图

任务一

蓄电池的技术状况检测

任务描述

张先生早上开车去上班时发现车子无法起动，之后打电话给4S店要求道路救援，维修技师发现这辆丰田卡罗拉轿车已经行驶了4.3万千米，且行驶已经有三年多，一直没有换过汽车蓄电池，维修技师通过蓄电池技术状况检测，并向张先生详细介绍了蓄电池的技术状况和检测方法。

这是与蓄电池有关的故障。要解决这种故障，必须了解蓄电池的结构、工作原理、蓄电池的正确使用及其检查与维护方法。

学习目标

目标类型	目标要求
知识目标	了解蓄电池的结构、工作原理及蓄电池的作用
	了解蓄电池的容量及影响因素
	掌握蓄电池的使用注意事项
技能目标	能正确为车辆选用蓄电池
	能正确对蓄电池进行维护
思政目标	培养学生精益求精的大国工匠精神

任务准备

将班级学生分组，3人或4人为一组，由轮值安排生成组长，使每个人都有锻炼组织协调和管理能力的机会。每人都有明确的任务分工，机电维修组长1人，机电维修中工1人，机电维修学徒1~2人，模拟任务实施过程，培养团队合作、互帮互助精神和协同攻关能力。任务分组见表2-1。

项目二　电源系统检修

表 2-1　任务分组

组长		组名		指导老师	
团队成员	学号	角色指派		备注	
		机电维修组长		任务进度安排	
		机电维修中工		任务主实施	
		机电维修学徒		任务协助实施	
		机电维修学徒		任务协助实施	

任务引导

引导问题 1：生活中有用到哪些蓄电池？

引导问题 2：汽车蓄电池的电压是多少？

引导问题 3：一般常用汽车蓄电池是什么类型的蓄电池？使用寿命是多久？

知识链接

蓄电池工作原理

知识点一　蓄电池的构造与工作原理

蓄电池（俗称电瓶）是一种将化学能转变为电能的装置，是可逆的低压直流电源。蓄电池放电时，将其储存的化学能转变为电能；蓄电池充电时，将电能转变为化学能储存起来。

汽车上装有发电机与蓄电池两个直流电源，蓄电池与发电机并联，共同向全车用电设备供电。在发动机正常工作时，由发电机向全车用电设备供电，与此同时，蓄电池处于充电状态，由发电机给蓄电池充电。

蓄电池的作用如下：

①在发动机起动时，由蓄电池给起动机提供大电流，同时向点火系统、燃油喷射系统及发动机其他用电设备供电。

②在发电机不发电时，由蓄电池向用电设备供电。

③当取下汽车钥匙时，由蓄电池向时钟、全车各电控系统的电控单元（ECU）存储器及防盗报警系统等供电。

④当发电机超载时，蓄电池协助发电机供电。

⑤当发电机正常发电时，蓄电池可将发电机产生的电能转变为化学能储存起来（即充电）。

⑥蓄电池相当于一个大容量电容器，在发电机转速和负载变化较大时，能够保护汽车不被损坏。

汽车上蓄电池的工作主要是起动起动机，所以通常称为起动型蓄电池。起动型蓄电池在短时间内可提供强大的起动电流（一般为 200 ~ 600 A，最大可达 1 000 A），根据电解液的不同，蓄电池有酸性蓄电池和碱性蓄电池之分。铅酸蓄电池结构简单，起动性能好，价格低廉，所以在汽车上被广泛采用。本任务主要介绍铅酸蓄电池。

1. 铅酸蓄电池的构造

普通铅酸蓄电池主要由极板、隔板、电解液、壳体、联条、极桩等部分组成，如图 2 - 2 所示。蓄电池由单格组成，12 V 蓄电池由 6 个单格电池串联而成，每个单格电池的电压为 2.1 V。

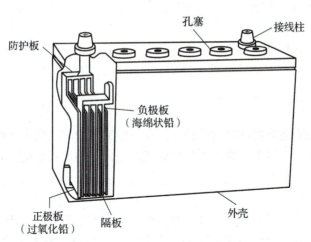

图 2 - 2 铅酸蓄电池的结构

（1）正、负极板

极板分为正极板和负极板两种，均由栅架和填充在其上的活性物质构成，如图 2 - 3 所示，蓄电池充、放电过程中，电能和化学能的相互转换是依靠极板上活性物质和电解液中硫酸的化学反应来实现的。正极板上的活性物质是二氧化铅（PbO_2），呈深棕色；负极板上的活性物质是海绵状纯铅（Pb），呈青灰色。栅架采用铅钙合金，耐过充电性好，可减小电解液的消耗，并可减少对蓄电池的维护工作量。负极板的纯铅中加入抗氧化剂，使其表面形成一层保护膜，防止新蓄电池负极板在没有加入电解液前被空气氧化，这样，新蓄电池在使用前加上电解液即可使用。

为增大蓄电池的容量，将多片正、负极板分别并联，组成正、负极板组，装在单格内，如图 2 - 4 所示。

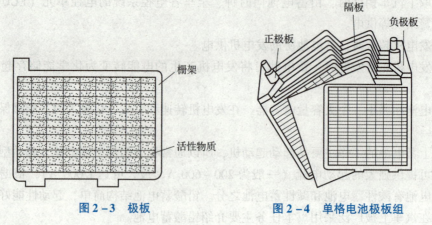

图 2-3　极板　　　　　　　图 2-4　单格电池极板组

（2）隔板

为了避免蓄电池内部正、负极板彼此接触而短路，正、负极板之间用隔板隔开，隔板材料应具有多孔性和渗透性，且化学性能稳定，即具有良好的耐酸性和抗氧化性。

隔板采用袋式微孔聚氯乙烯隔板，将正极板包住，用来保护正极板上的活性物质不致脱落，防止极板短路，使极板上部容积增大，提高了电解液的储存量，可减少对蓄电池的维护工作量。

（3）电解液

电解液由专用硫酸和蒸馏水按一定比例配制而成，密度一般为 1.24~1.30 g/cm³（电解液的温度为 25 ℃）。配制电解液必须使用耐酸的器皿。切记：只能将硫酸慢慢地倒入蒸馏水中，并不断地进行搅拌。

（4）壳体

蓄电池的壳体用来盛放电解液和极板组，应由耐酸、耐热、耐振、绝缘性好并且有一定机械强度的材料制成，一般采用橡胶或塑料制成。壳体为整体式结构，壳体内部由 6 个互不相通的单格组成。

（5）加液孔盖

每个单格的顶部有一个加液孔，用于添加电解液。加液孔盖上设有通气装置和气体收集器，可阻止水蒸气和硫酸气体通过，而蓄电池化学反应中产生的气体（H_2 和 O_2 等）能随时逸出。

（6）联条

联条的作用是将单格电池串联起来，提高整个蓄电池的端电压。联条的串联方式是穿壁式的，单格电池连接方式可能是穿过隔板、隔板之上或外部隔板，如图 2-5 所示。

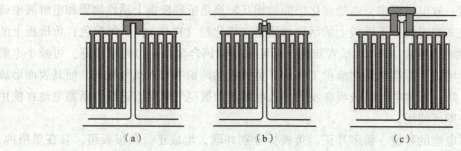

（a）　　　　　　　（b）　　　　　　　（c）

图 2-5　联条的串联方式

（a）穿过隔板；（b）隔板之上；（c）外部隔板

（7）接线柱

蓄电池正、负两极板组的横板上焊有接线柱，接线柱有侧置式、圆柱式及L形等类型，为了便于区分，在正接线柱上或旁边标有"＋"记号，负接线柱上或旁边标有"－"记号。

2. 铅酸蓄电池的型号

根据我国汽车行业标准JB/T 2599—2012《铅酸蓄电池名称、型号编制与命名方法》规定，蓄电池型号的编制由三部分组成，含义如下。

$$\boxed{\text{I}}-\boxed{\text{II}}-\boxed{\text{III}}$$

第一部分：表示串联的单格电池数，用阿拉伯数字表示。

第二部分：表示蓄电池的类型和特征，例如，A—干荷电式；W—免维护式；J—胶体电解液；Q—起动型蓄电池。表2-2、表2-3列出了蓄电池的用途代号和特征代号。

第三部分：表示蓄电池的额定容量，用20 h放电率时的额定容量（简称为20 h率额定容量）来表示，单位为A·h（安培·小时）。

如6-QAW-100表示由6个单格电池组成，额定电压为12 V，额定容量为100 A·h的起动型干荷电免维护蓄电池。

表2-2　蓄电池用途代号

蓄电池类型（主要用途）	型号	蓄电池类型（主要用途）	型号
起动型	Q	储能用	C
固定型	G	电动道路车用	EV
牵引（电动机车）用	D	电动助力车用	DZ
内燃机车用	N	煤矿特殊场合	MT
铁路客车用	T	储能用	CN
摩托车用	M	船舶用	C

表2-3　蓄电池特征代号

特征代号	蓄电池特征	特征代号	蓄电池特征	特征代号	蓄电池特征
A	干荷电式	J	胶体电解液式	D	带液式
H	湿荷电式	M	密闭式	Y	液密式
W	免维护式	B	半密闭式	Q	气密式
S	少维护式	F	防酸式	I	激活式

3. 铅酸蓄电池的分类

（1）全密封型蓄电池

无加液孔盖，新蓄电池已经加好电解液。

（2）干荷蓄电池

全称是干式荷电铅酸蓄电池。它的主要特点是负极板有较高的储电能力，在完全干燥状态下，能在两年内保存所得到的电量，新蓄电池不需要初充电便可直接使用。

（3）免维护蓄电池

免维护蓄电池由于自身结构的优势，电解液的消耗量非常小，在使用寿命内不需要补充蒸馏水。它还具有耐振、耐高温、体积小、自放电小的特点，使用寿命一般为普通蓄电池的两倍，最长可达4年。

目前，汽车上使用的起动型铅酸蓄电池同时具有全密封、干荷及免维护的特点。

4. 蓄电池的基本工作原理

（1）电动势的建立

当极板浸入电解液时，在负极板处，一方面金属铅（Pb）有溶解于电解液的倾向，因而有少量铅进入溶液，生成Pb^{2+}，在极板上留下两个电子（2e），使极板带负电；另一方面，由于正、负电荷的吸引，Pb^{2+}有沉附于极板表面的倾向。当两者达到平衡时，溶解便停止，此时负极板具有负电位，约为$-0.1\ V$。

正极板处，少量PbO_2溶入电解液，与水生成$Pb(OH)_4$，再分离成四价铅离子和氢氧根离子，即

$$PbO_2 + 2H_2O \rightarrow Pb(OH)_4$$

$$Pb(OH)_4 \rightarrow Pb^{4+} + 4OH^-$$

由于Pb^{4+}沉附于极板的倾向大于溶解的倾向，因而沉附在正极板上。当溶解达到平衡时，正极板呈正电位，约为$2.0\ V$。因此，当外电路未接通时，蓄电池的静止电动势约为$2.1\ V$。

（2）蓄电池的放电

当蓄电池接上负载后，在电动势的作用下，电流I_f从正极经过负载流往负极（即电子从负极到正极）。铅酸蓄电池的放电过程如图2-6所示。

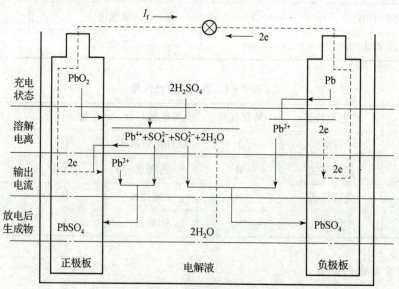

图2-6　铅酸蓄电池的放电过程

在正极板处，Pb^{4+}和电子结合，变成二价铅离子Pb^{2+}，Pb^{2+}与电解液中的SO_4^{2-}结合生成$PbSO_4$沉附于极板上，即

$$Pb^{4+} + 2e \rightarrow Pb^{2+}$$
$$Pb^{2+} + SO_4^{2-} \rightarrow PbSO_4$$

在负极板处，失去两个电子的Pb变为Pb^{2+}，与电解液中的SO_4^{2-}结合生成$PbSO_4$沉降在负极板上，即

$$Pb - 2e \rightarrow Pb^{2+}$$
$$Pb^{2+} + SO_4^{2-} \rightarrow PbSO_4$$

在电解液中，H_2SO_4电离为SO_4^{2-}和H^+，而H^+与溶液中的OH^-结合生成水，即

$$H^+ + OH^- \rightarrow H_2O$$

结论：在放电过程中，正、负极板上的活性物质转化为$PbSO_4$，同时，电解液中的H_2SO_4转化为水，电解液的密度不断下降。

（3）蓄电池的充电

充电时，应将蓄电池接直流电源（充电机或发电机）。当电源电压高于蓄电池电动势时，在电源电压作用下，电流从蓄电池正极流入，负极流出（外电路是电子从正极流向负极）。其化学反应过程如图2-7所示。

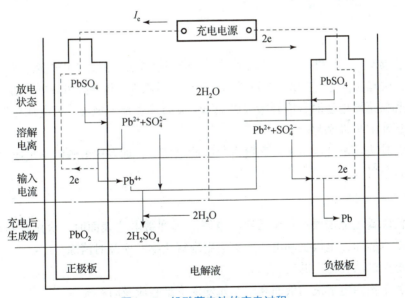

图2-7 铅酸蓄电池的充电过程

正极板处，有少量$PbSO_4$进入电解液中，离解为Pb^{2+}和SO_4^{2-}，Pb^{2+}在电源作用下失去两个电子变为Pb^{4+}，Pb^{4+}和电解液中水离解出来的OH^-结合，生成$Pb(OH)_4$，$Pb(OH)_4$又分解为PbO_2和H_2O，而SO_4^{2-}与电解液中的H^+结合生成硫酸。

其反应式如下：

$$PbSO_4 \rightarrow Pb^{2+} + SO_4^{2-}$$
$$4H_2O \rightarrow 4H^+ + 4OH^-$$
$$Pb^{2+} - 2e \rightarrow Pb^{4+}$$

$$Pb^{4+} + 4OH^- \rightarrow Pb(OH)_4$$

$$Pb(OH)_4 \rightarrow PbO_2 + 2H_2O$$

在负极板处，有少量的 $PbSO_4$ 进入电解液中，离解为 Pb^{2+} 和 SO_4^{2-}，Pb^{2+} 在电源的作用下获得两个电子变为金属铅 Pb，沉附在极板上，即

$$PbSO_4 \rightarrow Pb^{2+} + SO_4^{2-}$$

$$Pb^{2+} + 2e \rightarrow Pb$$

在电解液中，SO_4^{2-} 与电解液中的 H^+ 结合，生成硫酸，即

$$SO_4^{2-} + 2H^+ \rightarrow H_2SO_4$$

结论：在充电过程中，正、负极板上的 $PbSO_4$ 分别转化为 PbO_2 和 Pb，电解液中硫酸成分逐渐增多，电解液的密度逐渐上升。

当充电接近终了时，正、负极板上的 $PbSO_4$ 分别转化为 PbO_2 和 Pb，这时，如果继续充电，将引起电解水，即

$$2H_2O \rightarrow 2H_2 \uparrow + O_2 \uparrow$$

蓄电池在充、放电时总的化学反应过程可表示为

$$PbO_2 + Pb + 2H_2SO_4 \rightarrow 2PbSO_4 + 2H_2O$$

知识点二　蓄电池的使用与维护

1. 蓄电池的正确使用

①不要连续使用起动机。每次起动的时间不得超过 5 s，如果一次未能起动，应停顿 15 s 以上再做第二次起动，连续三次起动不成功者，应查明原因，排除故障后再起动发动机。

②安装和搬运蓄电池时，应轻搬轻放，不可敲打或在地上拖拽。蓄电池在汽车上应固定牢靠，以防行车时振动和移位。

③要经常检查蓄电池的电解液和蓄电池的放电情况，如发现电解液不足或蓄电池充电不足，要及时进行补充或充电。

2. 蓄电池的维护

①经常清除蓄电池表面的灰尘污物。电解液溅到蓄电池表面时，应用抹布蘸 10% 浓度的苏打水或碱水擦净，电极桩和电缆夹头上出现氧化物时应及时清除。

②经常疏通加液孔盖上的通气孔。

③检查各单格内电解液的液面高度，如发现不足时应及时补充。

④放完电的蓄电池在 24 h 内应及时充电。

⑤停驶车辆的蓄电池，每两个月应进行一次补充充电。

⑥拆卸蓄电池电缆时，应先拆下蓄电池负极，再拆下蓄电池正极；安装蓄电池电缆时，应先安装蓄电池正极，再安装蓄电池负极，以免拆卸过程中造成蓄电池断路。

3. 冬季使用蓄电池的注意事项

冬季使用蓄电池时，应保持蓄电池处于充足电状态，因为放电后的蓄电池电解液密度会降低，增大了结冰的危险。

由于冬季蓄电池容量降低，因此，在北方使用车辆要注意对蓄电池进行保暖（把车辆

放入带有暖气的车库），以便使发动机容易起动。

任务实施

一、物料和工具领取

完成表2-4的填写。

表2-4 物料和工具清单

序号	工具/物料名称	规格型号	数量	备注

二、蓄电池的故障现象确认及故障诊断

蓄电池检测实操

1. 故障现象确认

将点火开关拧到ON挡，发现仪表黑屏，测试车内电器均无法工作。

2. 故障诊断

（1）蓄电池极桩检查

①检查蓄电池在车上的安装是否牢靠，起动电缆线与极桩的连接是否牢固，检查电缆线的线夹与极桩上是否有氧化物，若有则应及时清除。

②检查蓄电池盖表面是否清洁，应及时清除盖上的灰尘、电解液等脏物，保持加液孔盖上的气孔畅通。

检查丰田卡罗拉完毕后发现蓄电池极桩无氧化物，连接牢固。

（2）蓄电池电压检查

①将万用表的选择旋钮置于DC直流电压挡。

②根据蓄电池电压范围选择合适的量程，丰田卡罗拉蓄电池电压是12 V，可将量程置于量程为20 V的挡位。

③万用表红表笔接电池正极（＋）红色端，黑表笔接电池负极（－）黑色端。

④读数并记录，测得蓄电池电压为7.8 V，电压不在合理区间内，不正常。

注意事项：在用万用表测电池电压时要将与电池相连的负载断开，要不然测的是电池加到负载两端的电压。

给丰田卡罗拉蓄电池进行充电操作，充完电后再对蓄电池进行容量测试。

（3）蓄电池容量测试

①连接输出线的正极和负极极端，将蓄电池容量测试仪和蓄电池连接在一起，蓄电池容量测试仪红色夹子夹到蓄电池正极，黑色夹子夹到蓄电池负极，接通蓄电池容量检测器，调

用的呼叫警报声音。

②按 Enter 按钮和设置蓄电池型号、蓄电池容量单位及容量，然后单击 Enter 按钮进入蓄电池容量检测。

③测试蓄电池容量，测得蓄电池容量不符合标准，处于差的等级，需要及时更换蓄电池。

更换新的蓄电池后，丰田卡罗拉的故障排除，车主可正常起动和行驶车辆。

蓄电池更换实操

任务评价

各组展示成果，介绍任务完成过程、制作过程视频、运行结果视频、技术文档整理情况并提交汇报材料，进行小组自评、组间互评、教师评价，完成考核评价表，见表 2-5。

表 2-5　考核评价表

序号	评价项目	评价内容	分值	自评（30%）	互评（30%）	师评（40%）	合计
1	职业素养（30分）	分工合理，制订计划能力强，严谨认真	5				
		爱岗敬业、安全意识、责任意识、服从意识	5				
		团队合作、交流沟通、互相协作、分享能力	5				
		遵守行业规范、现场6S标准	5				
		主动性强，保质保量完成工作页相关项目	5				
		能采取多样化手段收集信息、解决问题	5				
2	专业能力（60分）	检查方法正确、规范	10				
		操作过程严肃认真、精益求精	10				
		程序设计合理、熟练	15				
		检查结果正确	10				
		技术文档整理完整	15				
3	创新意识（10分）	创新性思维和行动	10				
	合计		100				
评价人签名：			时间：				

知识拓展

一、胶体蓄电池

在胶体电解质蓄电池中，电解质是用经过净化的硅酸钠溶液与硫酸水溶液混合后，凝结成的稠状胶体物质。

这种蓄电池的优点是：电解液不会溅出，活性物质不易脱落，蓄电池使用寿命可延长20%，使用中只需加蒸馏水，无须调节密度。

胶体蓄电池的缺点是：胶体电解质的电阻较大，使蓄电池内阻增大，容量降低，而且由于电解质与极板接触不均匀，使极板表面易形成电位差，所以胶体蓄电池自放电较严重。

二、碱性蓄电池

碱性蓄电池具有质量轻、使用寿命长、自行放电少的优点；但是碱性蓄电池活性物质的导电性差，而且价格比较高。

碱性蓄电池以 KOH 水溶液或 NaOH 水溶液为电解液。其中，以 KOH 水溶液作电解液的碱性蓄电池应用最为广泛。

碱性蓄电池的典型代表有铁镍蓄电池、镉镍蓄电池、锌银蓄电池等。下面仅介绍常用的铁镍蓄电池。

（1）铁镍蓄电池的构成

①极板盒式铁镍蓄电池：由正极板组、负极板组和隔板交错排列，组成极板组，装入壳体中，封底而成。

②烧结式铁镍蓄电池：由正极板组和负极板组交错排列，经包膜装入外壳封盖而成。正极板组和负极板组分别由烧结式极板经浸渍而成。

（2）铁镍蓄电池的工作原理

蓄电池电解液是 KOH 的水溶液。KOH 水溶液只传导电流，其浓度基本不变，因而不能根据电解液密度大小来判断蓄电池充、放电程度。充电状态时，正极板上的活性物质为氢氧化镍（$Ni(OH)_3$），负极板上为金属铁（Fe）。放电终止时，正极板活性物质转化为氢氧化亚镍（$Ni(OH)_2$），负极板活性物质转化为氢氧化亚铁（$Fe(OH)_2$）。铁镍蓄电池充、放电时的化学反应为

$$Fe + 2Ni(OH)_3 = Fe(OH)_2 + 2Ni(OH)_2$$

对于铁镍蓄电池的比容量，极板盒式蓄电池一般为 30 W·h/kg，烧结式蓄电池为65 W·h/kg。对于铁镍蓄电池的使用寿命，极板盒式蓄电池大负荷工作时间为 8 年，烧结式蓄电池循环次数超过 1 000 次。

三、电动汽车蓄电池

电动汽车上使用的蓄电池应当符合以下要求：使用寿命长，比容量高，使用持续里程长，质量小，充、放电性能好。燃油汽车使用的起动型蓄电池质量大、容量小，比容量仅为40 W·h/kg 左右，且需经常充电，用作电动汽车的动力源是不符合要求的。

项目二　电源系统检修

目前，正在研制的新型高能电池很多，如钠硫蓄电池、燃料蓄电池、锌空气蓄电池、锂离子蓄电池、氢镍电池等。下面仅介绍钠硫蓄电池。

钠硫蓄电池是一种新型高能蓄电池，其理论比容量可高达 760 W·h/kg，目前实际上已达到 300 W·h/kg，而且充满电后持续里程长，循环寿命长。

钠硫蓄电池负极的反应物质是在负极腔内熔融的钠，正极的反应物质是在正极腔内熔融的硫，正极与负极之间用 $\alpha - Al_2O_3$ 电绝缘体密封，正极腔与负极腔之间有 $\beta - NaA_{11}O_{17}$（氧化铝矾土）陶瓷管电解质。电解质只能自由传导离子（Na^+），而对电子是绝缘的。

当外电路接通时，负极不断产生钠离子并放出电子，即

$$Na \rightarrow Na^+ + e$$

电子通过外电路移向正极，而钠离子 Na^+ 通过 $\beta - NaA_{11}O_{17}$ 电解质和正极的反应物质硫起作用，生成钠的硫化物，即

$$2Na + S_x \rightarrow Na_2S_x$$

Na_2S_x 可以是 Na_2S_2、Na_2S_4 或 Na_2S_5。

课后练习

一、填空题

1. 铅酸蓄电池类型主要是_____、_____和_____三种。

2. 普通铅酸蓄电池主要由_____、_____、_____、_____、_____、_____等部分组成。

3. 正极板上的活性物质是_____，呈深棕色。负极板上的活性物质是_____，呈青灰色。

4. 蓄电池充、放电时总的化学方程式为_____。

二、判断题

1. 在一个单格蓄电池中，负极板的片数总比正极板多一片。   （ ）

2. 将蓄电池的正负极板各插入一片到电解液中，即可获得 12 V 的电动势。   （ ）

3. 在放电过程中，正、负极板上的活性物质都转变为硫酸钙。   （ ）

4. 在放电过程中，蓄电池的放电电流越大，其容量就越大。   （ ）

5. 免维护蓄电池在使用过程中不需补加蒸馏水。   （ ）

6. 蓄电池极板硫化的原因是长期充电不足，电解液不足。   （ ）

三、解答题

1. 汽车上常用的铅酸蓄电池有哪些作用？

2. 蓄电池有哪些用途代号？分别用于什么场合？

四、赛证练习

准备"1＋X"职业技能领域职业技能等级标准考核用车 1 辆，并备齐考核用的相关工具和设备后，进行以下技能等级考核试题的练习。

一、车辆信息记录					
品牌		整车型号		生产日期	
发动机型号		发动机排量		行驶里程	
车辆识别码					

二、查询维修手册，记录蓄电池型号，并对蓄电池性能进行相关检测

元件名称	检测项目	标准数据	检测数据结果
蓄电池	电压		
	内阻		
	电流		
	接线柱		
	外观		
	电解液密度		

任务二
蓄电池充电

任务描述

    小李新买了一辆丰田卡罗拉汽车，开了几天后有一天早上照常开车去上班，发现汽车无法起动，打电话联系 4S 店的维修技师，维修技师根据车主描述的情况初步判断是车主晚上忘记关汽车的一些电器（例如大灯）导致汽车蓄电池电量不足，需要及时给蓄电池进行充电处理。

学习目标

目标类型	目标要求
知识目标	了解蓄电池的工作特性
	了解蓄电池充电原理
技能目标	能正确为车辆蓄电池进行充电操作
思政目标	培养学生精益求精的大国工匠精神

任务准备

    将班级学生分组，3 人或 4 人为一组，由轮值安排生成组长，使每个人都有锻炼组织协调和管理能力的机会。每人都有明确的任务分工，机电维修组长 1 人，机电维修中工 1 人，机电维修学徒 1~2 人，模拟任务实施过程，培养团队合作、互帮互助精神和协同攻关能力。任务分组见表 2－6。

表 2－6　任务分组

组长		组名		指导老师	
团队成员	学号	角色指派		备注	
		机电维修组长		任务进度安排	
		机电维修中工		任务主实施	
		机电维修学徒		任务协助实施	
		机电维修学徒		任务协助实施	

任务引导

引导问题1：蓄电池充电时会发生什么变化？

引导问题2：蓄电池放电时会发生什么变化？

引导问题3：蓄电池的充电方法有哪几种？

知识链接

知识点一　蓄电池的工作特性

1. 内阻

蓄电池的内阻由极板电阻、电解液电阻、隔板电阻和联条电阻组成。

放电越多，极板电阻越大。电解液电阻与密度和温度有关，温度越低，电解液电阻越大。

电解液的密度为 1.2 g/cm^3 时（15 ℃），电解液的电阻最小。

一般来说，起动型铅酸蓄电池的内电阻是很小的（单格电池的内电阻约为 0.011 Ω），这有利于提高蓄电池的起动性能；若内阻过大，在大电流放电时，会引起端电压大幅度下降，从而影响起动性能。

2. 放电特性

蓄电池的放电特性指在恒流放电过程中，蓄电池的电解液电阻与密度的关系、端电压 U 和电解液密度随时间变化的规律。

由于放电过程中电流是恒定的，单位时间内消耗的硫酸量相同，因此，电解液的密度随时间呈直线下降。密度每下降0.04，蓄电池放电约25%。

蓄电池放电终了的特征是：

①电解液密度下降到最小许可值。

②单格电池的端电压下降至放电终止电压。

允许的放电终止电压与放电电流有关，放电电流越大，放电的时间越短，则允许的放电终止电压越低，见表2–7。

表 2-7　放电电流与终止电压的关系

放电电流/A	$0.05C_{20}$	$0.1C_{20}$	$0.25C_{20}$	C_{20}	$3C_{20}$
连续放电时间	20 h	10 h	3 h	30 min	5.5 min
单格电池终止电压/V	1.75	1.70	1.65	1.55	1.50

3. 充电特性

蓄电池的充电特性指在恒流充电过程中，蓄电池的端电压 U 和电解液密度随充电时间变化的频率。

由于采用恒流充电，单位时间内生成的硫酸量相等，因此，电解液密度随时间呈直线上升。

当充满电时，若继续充电，电解液中的水将开始分解而产生氢气（H_2）和氧气（O_2），以气泡的形式释放出来，电解液呈"沸腾"状态。此时，由于靠近负极板聚积了较多的正离子 H^+，使溶液和极板之间产生了附加电位（也称氢过电位，约 0.33 V），因此，单格电池的充电电压急剧升至 2.7 V。

从理论上讲，单格电池的充电电压升至 2.7 V 时应停止充电，否则，将造成蓄电池的过充电。过充电时，由于剧烈地产生气泡，会在极板内部产生压力，加速活性物质的脱落，使极板过早损坏。所以，应尽量避免长时间的过充电。

但在实际充电过程中，为了保证给蓄电池充足电，往往需要 2~3 h 的过充电。

充电停止后，附加电位消失，极板孔隙内电解液和容器中的电解液密度趋向平衡，因而蓄电池的端电压降至 2.1 V 左右。

蓄电池充电终了的特征：

①蓄电池电解液内产生大量气泡，呈"沸腾"状。

②端电压和电解液密度均上升至最大值，且 2~3 h 内不再增加。

知识点二　蓄电池的充电

1. 充电方法

（1）定流充电

在充电过程中，充电电流保持恒定的充电方法，称为定流充电。采用定流充电时，被充电的多个蓄电池可串联在一起充电。

定流充电具有较大的适应性，可以任意选择和调整充电电流，如蓄电池的初充电、补充充电及去硫化充电等均可采用这种方法；它的缺点是充电时间长，并且需要经常调节充电电压。

（2）定压充电

在充电过程中，电源电压始终保持不变的充电方法，称为定压充电。

在汽车上，发电机给蓄电池的充电是定压充电，因此发电机的电压要选择适当，过高或过低对蓄电池都不利。

（3）脉冲快速充电

脉冲快速充电首先利用充电初期极化现象不明显、蓄电池可以接受大电流充电的特点，初期采用（$0.8 \sim 1$）C_{20} 的大电流对蓄电池进行定流充电，使蓄电池的容量在短时间内达到 60% 左右的额定容量。当单格电池电压达 2.4 V、电解液开始冒气泡时，控制电路使充电转入脉冲充电阶段：先停止充电 25 ms 左右，再反向脉冲充电 [反向充电电流的脉宽一般为 $150 \sim 1\,000$ μs、脉幅为（$1.5 \sim 3$）C_{20}]，接着停止充电 25 ms，然后用正脉冲进行充电，周而复始，直到充满电为止。

脉冲快速充电的优点：

①充电时间大大缩短，补充充电仅需要 $1 \sim 2$ h（采用定电压进行补充充电需要 $5 \sim 8$ h）。

②可以增加蓄电池的容量。由于脉冲快速充电能够消除极化现象，因此，充电时化学反应充分，加深了反应深度，使蓄电池容量有所增加。

③去硫化作用显著。

2. 充电种类

（1）初充电

新蓄电池或修复后的蓄电池在使用之前的首次充电称为初充电。新蓄电池是否需要初充电及初充电的时间需要参考说明书的要求。

（2）补充充电

当车辆起动困难（起动时发动机转速明显低）时，说明蓄电池电量不足，这时蓄电池需要进行补充充电。

3. 充电注意事项

①严格遵守各种充电方法的充电规范。

②充电过程中，要密切观察各单格电池的电压和密度变化，及时判断其充电程度和技术状况。

③在充电过程中，密切注意蓄电池的温度。

④充电时要经常备用冷水、10% 苏打溶液或 10% 的氨水溶液。

⑤充电室要安装通风装置，并要严禁明火。

⑥充电设备不应和蓄电池放置在同一工作间。充电时，应先接牢蓄电池连线，停止充电时，应先切断电源，以严防产生火花。

任务实施

一、物料和工具领取

完成表 2 – 8 的填写。

二、蓄电池的故障现象确认及故障诊断

1. 故障现象确认

将点火开关拧到 ON 挡，发现仪表黑屏，通过万用表检测，发现蓄电池电压较低，需要立即给蓄电池充电。

表 2 – 8　物料和工具清单

序号	工具/物料名称	规格型号	数量	备注

2. 故障诊断

通过故障分析诊断，判断是蓄电池亏电导致的，需要给蓄电池充电，汽车蓄电池充电步骤如下：

①将车辆停放在合适的位置，将发动机熄火。

②拿出汽车充电机的搭接线的正负极各一根。

③将卡扣取下即可打开蓄电池保护盖，露出蓄电池正负极。

④取一根搭接线，红色夹子连接蓄电池正极，黑色夹子连接蓄电池负极。

⑤调整充电机工作模式，充电机模式有两种，一种是起动（start），另外一种是充电模式（charge），由于我们是给汽车蓄电池充电，所以选择充电模式（charge）。

⑥调整充电机充电电压，由于丰田卡罗拉蓄电池电压是 12 V，所以所有充电电压设置在 12 V。

⑦调整充电机充电速度，充电机充电速度有 6 个挡位，1、2、3 挡位是慢充模式，4、5、6 挡位是快充模式。

⑧最后打开充电机开关，充电机开关可以选择定时控制和常工作模式，有人在现场的可以选择常工作模式。

引起蓄电池亏电的原因是：

①发电机损坏，不能给蓄电池充电。

②车上的车用电器没有关闭。

③车上的线路短路。

蓄电池充电实操

任务评价

各组展示成果，介绍任务完成过程、制作过程视频、运行结果视频、技术文档整理情况并提交汇报材料，进行小组自评、组间互评、教师评价，完成考核评价表，见表 2 – 9。

表 2 - 9　考核评价表

序号	评价项目	评价内容	分值	自评（30%）	互评（30%）	师评（40%）	合计
1	职业素养（30分）	分工合理，制订计划能力强，严谨认真	5				
		爱岗敬业、安全意识、责任意识、服从意识	5				
		团队合作、交流沟通、互相协作、分享能力	5				
		遵守行业规范、现场 6S 标准	5				
		主动性强，保质保量完成工作页相关项目	5				
		能采取多样化手段收集信息、解决问题	5				
2	专业能力（60分）	检查方法正确、规范	10				
		操作过程严肃认真、精益求精	10				
		程序设计合理、熟练	15				
		检查结果正确	10				
		技术文档整理完整	15				
3	创新意识（10分）	创新性思维和行动	10				
合计			100				
评价人签名：				时间：			

知识拓展

电动汽车越来越普及，深受消费者欢迎。但还是有一些消费者对电动汽车充电的便利性和安全性有顾虑。下面对电动汽车充电原理及充电过程予以介绍。

一、电动汽车充电原理

充电基本原理是，把交流电变成直流电，给蓄电池充电。可以理解为：

①电网电源，提供的是交流电，而蓄电池充电必须是直流电。

②交流电不能直接给蓄电池充电，必须要配充电器，才能实现充电。

电动汽车充电机原理与手机充电器是一样的。不同的是，电动汽车配备的蓄电池容量比

手机的电池大得多，于是充电机体积比充电器大得多，辅助功能也比较多。

二、电动汽车充电机分类

一是车载充电机。这个机器是由厂家安装在车上的总成件，电动汽车车主不用去认识及深究它，知道车上有充电机，能充电即可。

车载充电机与手机充电器原理是一样的，但是与充电器技术要求是不同的，比手机充电器接口更为复杂。

二是非车载充电机。这个机器不是汽车自己的总成件，规格品种比较多。非车载充电机比车载充电机体积更大、技术更复杂。

电动汽车车主不用深究非车载充电机内部结构，知道如何安全使用即可。

三、电动汽车充电枪

不同厂家生产的手机，配备的手机充电线也不同，是什么原因呢？手机用户不用深究它，主要是厂家出于商业目的而已。

与手机充电线道理一样，电动汽车有充电枪。电动充电枪按车载蓄电池接口不同，又分交流充电枪、直流充电枪两个大类。

交流充电枪与车载充电机对接，直流充电枪与车载动力电池对接。要说明的是，交流充电枪和直流充电枪是国家标准的。

电动汽车车主只需认识充电枪（插头）及插座即可，对充电枪接口内部结构不用深究，能认识交流充电桩和直流充电桩，知道安全使用交流充电枪和直流充电枪即可。

四、电动汽车的慢充、快充过程

电动汽车必须配备动力电池，必须通过充电机来实现充电。电动乘用车一般都配备了车载充电机。车载充电机与交流充电枪对接，但基于充电安全性规定，功率不能高于 7 kW，即一个小时只能充 7 度电（1 度 =1 千瓦时），也就是说，如果电动汽车配 70 度电池，必须充 10 个小时，才能完成。这个时间太长，通俗说，这个是慢充。

快充时，充电机在地面，目前功率已经做到 350 kW，现在给电动汽车充电时间在 20 分钟以内了，基本可以完成。通俗说，这个是快充。

快充是有条件限制的：

一是电动汽车配备动力电池容量太小，只能慢充，比如某些插电式混合动力汽车。

二是动力电池能接受大功率充电，如目前配备的磷酸铁锂三元电池。

三是充电机功率比较大。

注意慢充电桩与快充电桩之间的区别：慢充电桩内部没有充电机，快充电桩内部有充电机。

五、电动汽车充电时间计算

电动汽车充电过程是极其复杂的动力过程。

电动汽车充电时间计算是十分困难的，但电动汽车车主不用深究。下面给出一般估计公式。

（1）已知条件

①电动汽车配备的电池容量大小，比如 70 度电（70 kW·h）。

②充电机功率大小，比如 7 kW。

（2）计算公式

$$充电量(W) = 功率(P) \times 充电时间(t)$$

由上面公式可估算出充电时间。

当然还可根据经验进行估计，即电动汽车车主自己多充几次，以自己体验总结的为准。

目前，中国电动汽车存量已经超过 800 万辆。AutoInsurance EZ 的研究表明，电池电动汽车起火的概率仅为 0.03%；而内燃机汽车的着火概率为 1.5%；混合动力汽车既装有高压电池，又有内燃机，车辆发生火灾的可能性为 3.4%。中国工程院院士孙逢春在全球智慧出行大会上表示，2019 年中国新能源汽车起火概率是万分之 0.49，2020 年是万分之 0.26。而传统燃油车的火灾事故率在万分之一到万分之二之间。燃油车自燃的概率几乎是电动汽车的 5 倍。可以看出，电动汽车比燃油汽车安全性要高得多。

课后练习

一、填空题

1. 汽车蓄电池的充电方式有_____、_____和_____三种。

2. 汽车蓄电池内阻包括_____、_____、_____和_____。

3. 蓄电池的充电种类有_____和_____两种。

二、判断题

1. 在汽车上给蓄电池充电时，先接蓄电池负极接线柱，再接蓄电池正极接线柱。

（　　）

2. 蓄电池定流充电不用考虑时间。　　　　　　　　　　　　　　　　　　　　　（　　）

3. 目前蓄电池充电的方式大多采用的是定流充电。　　　　　　　　　　　　　　（　　）

三、简答题

1. 简述蓄电池的充电步骤。

2. 蓄电池在充电时有哪些注意事项？

四、赛证练习

准备全国职业院校技能大赛用车 1 辆，并备齐考核用的相关工具和设备后，进行以下故障点的练习。

一、车辆信息记录					
品牌		整车型号		生产日期	
发动机型号		发动机排量		行驶里程	
车辆识别码					

续表

二、查询维修手册，记录蓄电池型号，并对蓄电池性能进行相关检测		
故障现象		
蓄电池类型	电压值	选择合适的蓄电池充电器并列出蓄电池充电步骤

任务三

发电机拆装与检修

任务描述

小江开着已经有 6 年的丰田卡罗拉汽车去长途旅行，但是行驶路途中在路边短暂停歇一会之后，再次起动汽车，发现无论怎么起动发动机都无法正常工作，检查汽车油箱有油，打开大灯检查车辆供电情况，发现灯光很暗，无奈只能打电话给 4S 店请求救援，维修技师赶到现场初步判断是汽车发电机的故障，将汽车搭电起动开到 4S 店进行维修，需要将发电机从车上拆下，对发电机各个部件进行分解与检修，分析发动机的各个零部件的工作情况，判断发电机故障具体问题出在哪里。

学习目标

目标类型	目标要求
知识目标	掌握交流发电机的构造及工作原理
	了解调节器的作用和原理
技能目标	能正确拆装、检测发电机
思政目标	培养学生精益求精的大国工匠精神

任务准备

将班级学生分组，3 人或 4 人为一组，由轮值安排生成组长，使每个人都有锻炼组织协调和管理能力的机会。每人都有明确的任务分工，机电维修组长 1 人，机电维修中工 1 人，机电维修学徒 1~2 人，模拟任务实施过程，培养团队合作、互帮互助精神和协同攻关能力。任务分组见表 2 – 10。

表 2 – 10　任务分组

组长		组名		指导老师	
团队成员	学号	角色指派		备注	
		机电维修组长		任务进度安排	
		机电维修中工		任务主实施	
		机电维修学徒		任务协助实施	
		机电维修学徒		任务协助实施	

任务引导

引导问题 1：生活中有哪些场合用到发电机？

引导问题 2：汽车发电机有哪些种类？

引导问题 3：发电机由哪几部分组成？

知识链接

知识点一　交流发电机的构造

交流发电机在汽车上的安装位置如图 2 – 8 虚线框图所示。汽车交流发电机主要由转子、定子、整流器、电刷架及调节器、前端盖、后端盖、风扇、带轮等组成。图 2 – 9 为丰田卡罗拉汽车发电机的解体图。

1. 转子

交流发电机的转子是用来建立磁场的，它主要由爪极、励磁绕组、轴和集电环等组成，如图 2 – 10 所示。两块爪极压装在转子轴上，在两块爪极的内腔装有导磁用的铁芯，其上绕有励磁绕组。励磁绕组的两端引线分别焊在两个彼此绝缘的集电环上（与轴绝缘）。两个集电环与装在后端盖上的两个电刷相接触。这两个电刷引出的接线柱即为发电机的"F"（"磁场"）接线柱和"_"（"E"或"搭铁"）接线柱。当发电机工作，两个电刷与直流电源接通时，便有电流通过励磁绕组（该电流称为发电机的励磁电流），在励磁绕组中产生磁场，使两块爪极被磁化为 N 极和 S 极，从而形成相互交错的 N、S 磁极。磁极的对数一般为 4~8 对。

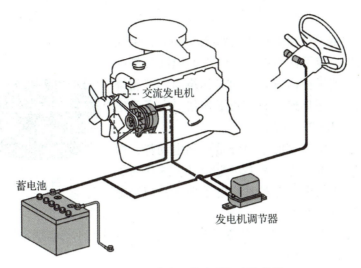

图 2-8 交流发电机在发动机中的位置

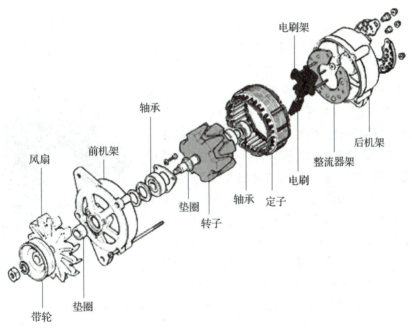

图 2-9 汽车发电机的解体图

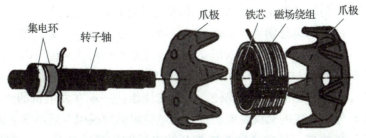

图 2-10 汽车发电机转子的结构

2. 定子

定子又称为电枢，是用来产生交流电动势的，由铁芯和三相绕组组成。定子铁芯由相互绝缘的内圆带槽的环状硅钢片叠成，定子槽内置有三相对称绕组。三相绕组的连接方式可分为星形连接和三角形连接。定子及定子绕组的连接方式如图 2-11 所示。

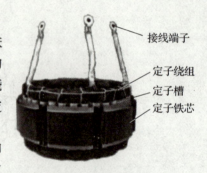

图 2-11　定子总成

在三相对称绕组中产生的电动势是对称电动势，即电动势的大小相等、电位差互差 120°电角度。这样为了保证三相绕组中产生的电动势是对称电动势，三相绕组在定子槽中的绕法必须满足：

①每相绕组线圈的个数、每个线圈的匝数、每个线圈的大小都必须相等，这样可保证每相绕组产生的电动势大小相等。

②三相绕组的首端在定子槽内的排列必须间隔 120°电角度。

3. 整流器

交流发电机的整流器是由 6 只硅整流二极管组成的三相桥式整流电路，其外观形状如图 2-12 所示。其作用是将三相绕组中产生的三相交流电转换为直流电。有些发电机还有 3 只小功率励磁二极管和两只中性点二极管。

如图 2-12 所示，硅整流二极管分为正极管子和负极管子。压装在元件板上的 3 只二极管，引线为二极管的正极，外壳为二极管的负极，俗称"正极管子"，管底涂有红色标记。压装在后端盖上的二极管，其引线为二极管的负极，外壳为二极管的正极，俗称"负极管子"，管底涂有黑色标记。3 只正二极管的外壳与元件板接在一起成为发电机的正极，用螺栓引至后端盖外部作为发电机的相线接线柱，标记为"B"（"A""+"或"电枢"）。而 3 只负二极管的外壳与发电机的后端盖接在一起成为发电机的负极。元件板必须与后端盖绝缘，并固定在后端盖上。为维修方便，有些车型的发电机将 3 只负二极管压装在另一个元件板上。

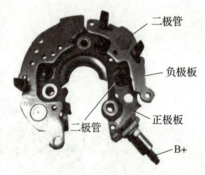

图 2-12　整流器

4. 前、后端盖

前、后端盖是由非导磁材料铝合金制成的，漏磁少，并具有轻便、散热性能好等优点。在后端盖上装有电刷与调节器总成（普通发电机只装有电刷架和电刷）。

普通发电机的两个电刷分别装在电刷架的孔内，借弹簧压力与集电环保持接触。根据两个电刷的接线方式，交流发电机的搭铁形式分为内搭铁和外搭铁两种。内搭铁式的交流发电机，其励磁绕组的两端通过电刷分别引至发电机后端盖上的接线柱，分别称为"F"（或"磁场"）和"E"（或"搭铁"）接线柱，即励磁绕组的一端在发电机的外壳上直接搭铁，如图 2-13 所示。外搭铁式的交流发电机，其励磁绕组的两端引至后端盖上的接线柱分别称为"F"和"F2"接线柱，且两个接线柱均与发电机的后端盖绝缘，励磁绕组需经调节器搭铁。

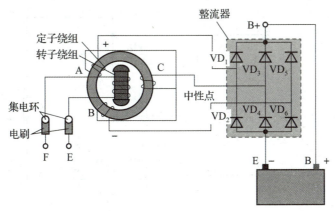

图 2-13 交流发电机电路

5. 带轮及风扇

交流发电机的前端装有带轮，由发动机通过风扇传动带驱动发电机旋转。在带轮的后面装有叶片式风扇，前、后端盖上分别有出风口和进风口。当发动机带动发电机高速旋转时，可使空气流经发电机内部，对发电机进行冷却。对于一些高档汽车，其发电机的功率大、体积小，为了提高散热强度，装有两个风扇，且将风扇叶直接焊在转子上。

知识点二 交流发电机的工作原理

发电机工作原理

1. 发电原理

交流发电机产生交流电的基本原理是电磁感应原理，具体地说，交流发电机是利用产生该场的转子旋转，使穿过定子绕组的磁通量发生变化，在定子绕组内产生交流电动势。图2-13所示为交流发电机的工作原理图。由运动关系可知，定子绕组切割磁感线运动，在三相对称绕组内产生频率相同、幅值相等、相位互差120°电角度的感应电动势。每相绕组感应电动势的大小与串联的匝数、感应电动势的频率以及旋转磁场的转速成正比。

在交流发电机中，由于转子磁极呈鸟嘴形，其磁场的分布近似符合正弦规律，所以在发电机定子绕组中产生的交流电动势也近似符合正弦规律。由于三相绕组在定子槽中是对称绕制的，因此在三相绕组中产生的三相电动势也是对称电动势。

2. 整流原理

硅二极管具有单向导电性：当给二极管加上正向电压（正极电位高于负极电位）时导通，二极管呈现低电阻状态；当给二极管加上反向电压（正极电位低于负极电位）时截止，二极管呈现高电阻状态。利用二极管的这种单向导电性，制成了硅整流器，使交流电变为直流电。此处使用的硅整流器是一个由6只硅整流二极管组成的三相桥式整流电路，如图2-14所示。

三相桥式整流电路的整流原理如下：

①由于3只正极管子（VD_1、VD_3、VD_5）的正极分别接在发电机三相绕组的首端（U_1、V_1、W_1），而它们的负极同接在元件板上，因此这3只正极管子导通的条件是：在某瞬间，哪一相的电压最高（相对其他两相来说正值最大），则该相的正极管子就导通。

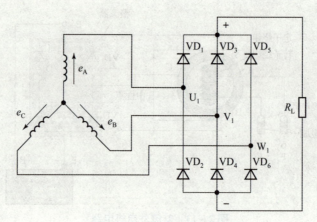

图 2 – 14　三相桥式整流电路

②由于 3 只负极管子（VD₂、VD₄、VD₆）的负极分别接在三相绕组的首端，而它们的正极同接在后端盖上，所以这 3 只负极管子的导通条件是：在某一瞬间，哪一相的电压最低（相对其他两相负值最大），则该相的负极管子就导通。

③在每一瞬间，同时导通的管子只有两只，即正、负极管子各一只。

根据上述原则，如图 2 – 15 所示，基整流过程如下：

在 $t_1 \sim t_2$ 时间内，U 相的电压最高，而 V 相的电压最低，故 VD₁、VD₄ 处于正向电压下而导通，R_L 两端得到的电压为 u_{UV}（为线电压的瞬时值，不计管子导通时的压降）。

在 $t_2 \sim t_3$ 时间内，U 相的电压最高，而 W 相的电压最低，于是 VD₁、VD₆ 导通，R_L 两端的电压为 u_{UW}。

在 $t_3 \sim t_4$ 时间内，VD₃、VD₆ 导通，R_L 两端的电压为 u_{VW}。

依此类推，循环反复，就在负载 R_L 两端得到一个比较平稳的脉动直流电压 U，一个周期内有 6 个波形。

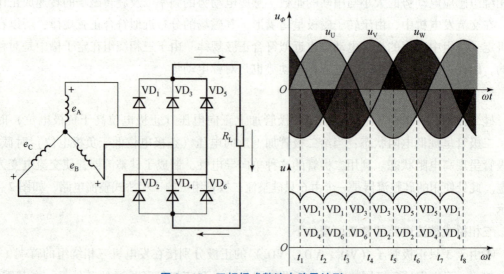

图 2 – 15　三相桥式整流电路及波形

3. 励磁原理

除永磁式交流发电机不需要励磁外，其他形式的交流发电机都必须给励磁绕组通电才会有磁场产生而发电。将电流引入励磁绕组使之产生磁场的过程称为励磁。交流发电机的励磁方式有他励和自励两种。励磁电路图如图2-16所示，由蓄电池供给励磁电流发电的方式称为他励。当发电机能对外供电时，就可把自身发出的电供给励磁绕组，这种自身供给励磁电流发电的方式称为自励发电。交流发电机在无外接直流电源时，由于转子保留的剩磁很弱，因此在低速时，仅靠剩磁产生的电动势（小于0.6 V）并不能使二极管导通，发电机不能发电。为了克服这一缺点，在发电机开始发电时采用了他励方式，即由蓄电池为励磁绕组提供励磁电流以增强磁场，使发电机在低速转动时电压能够迅速上升，从而实现发动机怠速时发电机便可向蓄电池充电的功能。

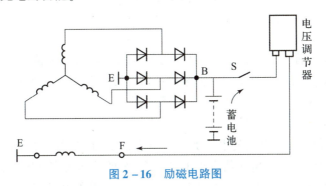

图2-16　励磁电路图

他励：蓄电池正极→点火开关S→电压调节器→发电机励磁绕组→搭铁；

自励：发电机正极B→点火开关S→电压调节器→发电机励磁绕组→搭铁。

交流发电机的励磁过程是先他励后自励。当发动机达到正常怠速时，发电机的输出电压一般高出蓄电池电压1~2 V，以便对蓄电池充电，此时由发电机自励发电。

知识点三　交流发电机的调节器

1. 电压调节器

交流发电机每相绕组电动势的有效值可写成

$$E_\phi = Cn\Phi$$

式中，C为发电机的结构常数；n为转子转速；Φ为转子的磁极磁通。当转速升高时，要想使发电机的输出电压保持恒定，只能通过减小磁通Φ来实现。而磁极磁通Φ与励磁电流I_j成正比，要想减小磁通Φ可以通过减小励磁电流I_j来实现。

交流发电机调节器的工作原理是：当交流发电机的转速升高时，调节器通过减小发电机的励磁电流来减小磁通Φ，使发电机的输出电压保持不变。

2. 晶体管调节器

图2-17所示为晶体管调节器的基本电路。

VT_2是大功率管，起开关作用，用来接通与切断发电机的励磁电路。VT_1是小功率管，用来放大控制信号。稳压管VS是感受元件，串联在VT_1的基极电路中，并通过VT_1的发射结并联于分压电阻R_1的两端，以感受发电机的输出电压。

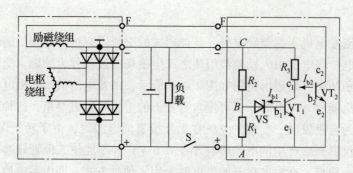

图 2－17　晶体管调节器基本电路

电阻 R_1 和 R_2 组成一个分压器，分压器两端的电压 U_{AC} 为发电机的输出电压，则

$$U_{AB} = \frac{R_1}{R_1 + R_2} U_{AC}$$

U_{AB} 反向加在稳压管 VS 上，通常把 B 点称为检测点。R_1 的阻值是这样确定的：当发电机输出电压 U_{AC} 达到规定的调整值时（如桑塔纳汽车的为 13.5～14.5 V），U_{AB} 正好等于稳压管 VS 的反向击穿电压，R_3 为 VT_1 的集电极负载电阻。

晶体管调节器的工作原理如下：

点火开关 S 闭合后，蓄电池的电压加到分压器的 A、C 两端，由于蓄电池电压小于发电机输出电压的调整值，故 U_{AB} 电压值也小于稳压管 VS 的反向击穿电压，稳压管 VS 处于截止状态，VT_1 的基极电流 I_{b1} 等于零，VT_1 截止，而 VT_2 由于发射结处于较高的正向电压下而导通饱和，产生励磁电流（他励）。

励磁电路为：蓄电池正极→点火开关 S→调节器" ＋"接线柱→VT_2→调节器"F"接线柱→发电机"F"接线柱→励磁绕组→蓄电池负极（搭铁）。

发动机起动后，发电机的输出电压将高于蓄电池的电压，发电机的励磁电流由他励转变为自励。

励磁电路为：发电机正极→点火开关 S→调节器" ＋"接线柱→VT_2→调节器"F"接线柱→发电机"F"接线柱→励磁绕组→蓄电池负极（搭铁）。

随着转速的升高，当发电机输出电压稍高于调整值时，U_{AB} 达到了稳压管 VS 的反向击穿电压，稳压管 VS 导通，使 VT_1 产生基极电流而导通；同时，将 VT_2 的发射结短路，使其由导通状态变为截止状态，切断发电机的励磁电路，使发电机的输出电压急剧下降；当发电机的输出电压下降到稍低于调整值时，稳压管 VS 由击穿状态恢复到截止状态。随之，VT_1 也由导通状态变为截止状态，使 VT_2 导通。如此反复，就使发电机的端电压维持在规定的调整值上。

3. 集成电路调节器

集成电路调节器也称为 IC 调节器，它根据使用要求，将电路中的若干元件集成在同一基片上，制成一个独立的电子芯片。集成电路调节器装于发电机内部，构成整体式交流发电机。

集成电路调节器的电压检测方法有发电机电压检测法和蓄电池电压检测法两种。蓄电池电压检测法的原理与发电机电压检测法基本相同。所不同的是：发电机电压检测法的控制信号直接来自发电机的输出电压，而蓄电池电压检测法的控制信号来自蓄电池的正极。

相比而言，采用发电机电压检测法可省去信号输入线，缺点是当发电机至蓄电池电路上的电压降较大时，可导致蓄电池充电不足。因此，一般大功率发电机多采用蓄电池电压检测法，使蓄电池的端电压得以保证。若采用蓄电池电压检测法，当发电机的电压输出线或信号输入线断路时，由于无法检测发电机的工作情况，可能造成发电机失控现象。故多数车型在应用中，都对具体电路做了相应改进。

任务实施

一、物料和工具领取

完成表 2 – 11 的填写。

表 2 – 11　物料和工具清单

序号	工具/物料名称	规格型号	数量	备注

二、发电机故障现象确认和故障诊断

1. 故障现象确认

起动车辆，通过万用表检测蓄电池连接发电机端电压，测得电压低于 12 V，所以判断故障点在发电机。

发电机拆卸实操

2. 发电机拆装及故障诊断

（1）前期准备

①安装车轮挡块，安装在非驱动轮并夹紧，如图 2 – 18 所示。

②安装车外三件套，安装前格栅布，如图 2 – 19 所示。

图 2 – 18　安装车轮挡块

图 2 – 19　安装车外三件套

③断开蓄电池负极，如图 2 – 20 所示。

④拆卸空气滤清器，如图 2 – 21 所示。

项目二　电源系统检修

图 2-20　断开蓄电池负极

图 2-21　拆卸空气滤清器

（2）发电机拆卸

①查询维修手册确定拆装流程：打开维修手册的书签找到 12 V 起动和充电要求，找到发电机的更换位置，根据维修手册流程拆装发电机。

②拆卸发电机驱动带，如图 2-22 所示。

③拆卸发电机正极连接螺栓，如图 2-23 所示。

图 2-22　拆卸发电机驱动带

图 2-23　拆卸发电机正极连接螺栓

④拆卸发电机插接器，如图 2-24 所示。

⑤拆卸发电机支架螺栓（左），如图 2-25 所示。

图 2-24　拆卸发电机插接器

图 2-25　拆卸发电机支架螺栓（左）

⑥拆卸发电机支架螺栓（右），如图 2-26 所示。

⑦拆卸发电机支架螺母，如图 2-27 所示。

图 2-26　拆卸发电机支架螺栓（右）

图 2-27　拆卸发电机支架螺母（上）

⑧拆卸发电机支架螺杆，如图 2-28 所示。

⑨取出发电机，如图 2-29 所示。

图 2 - 28　拆卸发电机支架螺杆

图 2 - 29　取出发电机

（3）发电机分解

①拆下发电机调节器，如图 2 - 30 所示。

②拆下发电机后端盖固定螺丝，如图 2 - 31 所示。

图 2 - 30　拆下发电机调节器

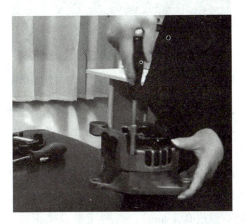

图 2 - 31　拆下发电机后端盖固定螺丝

③对称取下后端盖，如图 2 - 32 所示。

④拆卸螺栓螺母并摆放整齐，如图 2 - 33 所示。

图 2 - 32　对称取下后端盖

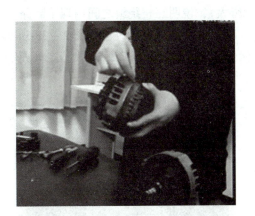

图 2 - 33　拆卸螺栓螺母并摆放整齐

（4）发电机故障诊断

①检查发电机离合器带轮，固定带轮中心，确认外锁环只能逆时针转动而不能顺时针转动。如果结果不符合规定，更换离合器带轮。

②检查发电机转子总成。

a. 转子绕组短路与断路的检查：如图2－34所示，用万用表检查绕组电阻，若阻值为∞，则说明断路；若阻值过小，则说明短路。一般阻值为3.5～6 Ω，若断路或短路一般都是整体更换。

b. 转子绕组搭铁的检查：如图2－35所示，用万用表检测两集电环与铁芯之间的电阻，若表针有偏转，则说明有搭铁故障，正常应指示为∞。

发电机检测实操

图2－34　用万用表检测转子短路与断路情况

图2－35　用万用表检测转子绕组搭铁情况

c. 集电环的检查：集电环表面应平整光滑，无明显烧损，否则用"00"号砂布打磨。两集电环间隙处应无污垢。

d. 转子轴的弯曲度检查：如图2－36所示，用百分表检查转子轴的弯曲，弯曲度不超过0.05 mm（径向圆跳动公差不超过0.1 mm），否则应予以校正。

③检查发电机定子总成。

a. 定子三相绕组电阻检查：如图2－37所示，用万用表测量定子三相绕组之间的电阻，如果电阻值为0.5～1 Ω则为正常，如果万用表显示"1"（无穷大），说明三相绕组之间出现了断路。

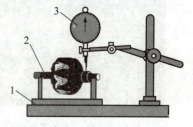

图2－36　转子轴的弯曲度检查
1—测试仪；2—电枢；3—百分表

b. 三相绕组短路检查：如图2－38所示，用万用表任意一只表笔接触绕组，另一只表笔接触铁芯，检测三相绕组与铁芯之间是否有短路现象。排查到故障点，维修好该故障点后，发电机能够正常工作。

图2－37　用万用表检测定子三相绕组电阻

图2－38　用万用表检测定子
三相绕组是否短路

任务评价

各组展示成果，介绍任务完成过程、制作过程视频、运行结果视频、技术文档整理情况并提交汇报材料，进行小组自评、组间互评、教师评价，完成考核评价表，见表2–12。

表2–12　考核评价表

序号	评价项目	评价内容	分值	自评(30%)	互评(30%)	师评(40%)	合计
1	职业素养(30分)	分工合理，制订计划能力强，严谨认真	5				
		爱岗敬业、安全意识、责任意识、服从意识	5				
		团队合作、交流沟通、互相协作、分享能力	5				
		遵守行业规范、现场6S标准	5				
		主动性强，保质保量完成工作页相关项目	5				
		能采取多样化手段收集信息、解决问题	5				
2	专业能力(60分)	检查方法正确、规范	10				
		操作过程严肃认真、精益求精	10				
		程序设计合理、熟练	15				
		检查结果正确	10				
		技术文档整理完整	15				
3	创新意识(10分)	创新性思维和行动	10				
	合计		100				
评价人签名：			时间：				

知识拓展

根据中华人民共和国汽车行业标准 QC/T 73—1993《汽车电气设备产品型号编制方法》的规定，汽车交流发电机型号组成如下：

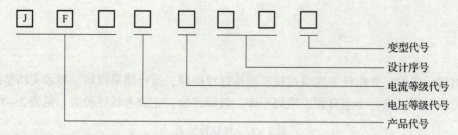

变型代号
设计序号
电流等级代号
电压等级代号
产品代号

1. 产品代号

产品代号用中文字母表示，例如：JF—普通交流发电机；JFZ—整体式（调节器内置）交流发电机；JFB—带泵的交流发电机；JFW—无刷交流发电机。

2. 电流等级代号

电流等级代号见表 2 – 13。

表 2 – 13　电流等级代号

电流等级代号	1	2	3	4	5	6	7	8	9
电流/A	≤19	20～29	30～39	40～49	50～59	60～69	70～79	80～89	≥90

3. 电压等级代号

电压等级代号用一位阿拉伯数字表示，例如：1 表示 12 V 系统，2 表示 24 V 系统，6 表示 6 V 系统。

4. 设计序号

设计序号按产品的先后顺序，用阿拉伯数字表示。

5. 变型代号

交流发电机以调整臂位置作为变型代号，从驱动端看，调整臂在左边则用 Z 表示，调整臂在右端则用 Y 表示，调整臂在中间时不加标记。

注：进口发电机不符合上述标准。

课后练习

课程思政故事

一、填空题

1. 发电机的作用是将来自发动机的_____能转变成_____能。
2. 交流发电机中产生磁场的装置是_____。
3. 交流发电机转子的作用是_____。
4. 发电机出现不发电故障，短接触电式调节器的 "＋" 与 F 接线柱后，发电机开始发电，这说明故障出在_____。

二、判断题

1. 汽车上的蓄电池与发电机串联，同属于汽车的低压电源。　　　　　　　　（　　）

2. 只要发动机转速稍高，发电机的端电压就会超过蓄电池的电动势，由发电机供电。

（　　）

3. 汽车交流发电机是汽车主要电源，它与电压调节器配合工作，向除起动机以外的所有用电设备供电，并为汽车上的蓄电池充电。

（　　）

4. 汽车电气系统之间采用并联连接，所以当某一支路电气设备损坏时，并不影响其他支路电气设备的正常工作。

（　　）

三、简答题

1. 调节器为什么可以控制交流发电机的输出电压？

2. 简述交流发电机的拆装步骤。

四、赛证练习

准备"1+X"职业技能领域职业技能等级标准考核用车1辆，并备齐考核用的相关工具和设备后，进行以下技能等级考核试题的练习。

一、车辆信息记录					
品牌		整车型号		生产日期	
发动机型号		发动机排量		行驶里程	
车辆识别码					
二、查询维修手册，记录蓄电池型号，并对蓄电池性能进行相关检测					
发电机电路图位置					
元件名称	参数名称		测量数值	判断	
充电系统	发电机输出电流			正常□　　异常□	
	充电电流			正常□　　异常□	
	蓄电池电压			正常□　　异常□	
	发电机发电负载信号			正常□　　异常□	

项目三
起动系统检修

汽车起动系统的作用是通过起动机带动发动机曲轴运转，继而使发动机进入正常的工作状态。起动系统由起动机部分和控制电路部分组成。本项目主要学习起动机拆装、起动系统控制电路分析以及起动系统常见故障的检修相关内容。

正确使用与维护汽车起动系统是重要的工作内容之一，而针对起动系统的起动机运转无力、起动机不转等常见故障现象，学会正确分析、诊断和排除，是汽车维修专业人员应具备的一项基本技能。本项目的目标就是在熟悉汽车起动系统的组成、工作原理和控制过程的基础上，学会对起动系统的组成部件进行检测并判断部件的性能；并在上述知识和技能的基础上，学会针对不同的起动系统故障进行分析、诊断和排除，并在学习过程中广泛践行社会主义核心价值观。

任务一

起动机的拆装与检测

任务描述

小明在某丰田汽车4S店做维修接待工作。有一天，小明接到客户李先生的现场救援电话，李先生说他的丰田卡罗拉汽车无法起动，当他接通起动开关进行起动的时候，会听到齿轮撞击的声音，李先生要求4S店进行现场救援，并将车辆运回4S店以对该车的起动系统进行彻底检查。

假如你是小明，请你负责接待李先生，为李先生介绍汽车起动系统的组成、功能及正确使用方法，并完成汽车起动系统初步检查，与客户完成关于起动系统故障的初步沟通。

学习目标

目标类型	目标要求
知识目标	掌握起动系统的功用及组成
	掌握起动机的类型、结构、型号含义和工作原理
技能目标	能够从车上拆下和安装起动机总成
	能够正确拆装起动机并对其进行检测
思政目标	严格遵守岗位操作规程，确保工具、设备和自身的安全
	树立6S管理理念

任务准备

将班级学生分组，3人或4人为一组，由轮值安排生成组长，使每个人都有锻炼组织协调和管理能力的机会。每人都有明确的任务分工，机电维修组长1人，机电维修中工1人，机电维修学徒1~2人，模拟任务实施过程，培养团队合作、互帮互助精神和协同攻关能力。任务分组见表3-1。

项目三 起动系统检修

表 3-1 任务分组

组长		组名		指导老师	
团队成员	学号	角色指派		备注	
		机电维修组长		任务进度安排	
		机电维修中工		任务主实施	
		机电维修学徒		任务协助实施	
		机电维修学徒		任务协助实施	

任务引导

引导问题 1：生活中我们通常说的"马达"指的是什么？

引导问题 2：汽车起动机一般是安装在汽车上的哪个位置？

引导问题 3：车辆起动时，出现的"咔咔"声响，一般是从什么部位发出的？

知识链接

知识点一　起动系统概述

1. 起动系统的功用

汽车发动机必须依靠外力带动曲轴旋转后，才能进入正常工作状态。通常，发动机曲轴在外力作用下，从开始转动到怠速运转的全过程，称为发动机的起动过程。起动系统的作用就是供给发动机曲轴足够的起动转矩，使发动机曲轴达到必需的起动转速，以便使发动机进入自行运转状态。当发动机进入自由运转状态后，起动系统便结束任务立即停止工作。

2. 起动系统的分类与组成

发动机常用的起动方式有人力起动、辅助汽油机起动和电力起动机起动。

人力起动是用手摇或者绳拉，属于最简单的一种起动方式，目前大多数车型已经取消人力起动，只有部分车型将人力起动作为后备使用。

辅助汽油机起动是以小型汽油机为动力来起动发动机，只在少数重型柴油汽车上采用。

电力起动机起动是由起动机通过传动机构将发动机起动，它具有操作简单、起动迅速可靠、重复起动能力强、能实现远距离控制等优点，因此，现代汽车都采用这种起动方式。

电力起动系统由蓄电池、起动机和起动控制电路等组成，如图 3 - 1 所示。

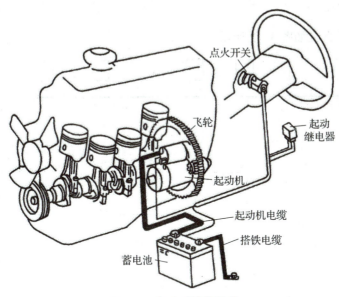

点火开关

起动
继电器

飞轮

起动机

起动机电缆

搭铁电缆

蓄电池

图 3 - 1 起动系统的组成

起动机安装在汽车发动机飞轮壳的座孔上，用螺栓紧固；起动控制电路包括点火开关或起动按钮、起动继电器及相关导线和电缆等。

起动机在点火开关或起动按钮控制下，将蓄电池的电能转化为机械能，通过飞轮齿圈带动发动机曲轴转动。

3. 起动机的类型

常见的汽车用起动机主要有以下三种类型。

（1）电磁控制强制啮合式起动机（也称为常规起动机）

磁极一般采用电磁铁，起动机靠电磁力经拨叉推移离合器，强制性地使

什么是起动机

驱动齿轮啮入或退出飞轮齿圈，该类型的起动机具有结构简单、动作可靠和操纵方便等优点，故被现代汽车普遍采用。

（2）永磁起动机

电动机的磁极用永磁材料制成，取消了励磁式起动机中的励磁绕组和磁极铁芯，结构被简化，体积小，质量轻，并节省了金属材料。但永磁式起动机的功率一般较小，使用范围在一定程度上受到限制。

（3）减速起动机

减速起动机采用高速、小型、低转矩电动机，在传动机构中设有减速装置。减速装置有外啮合齿轮和行星齿轮两种减速方式，其质量和体积比普通起动机小 $30\% \sim 35\%$ ，但结构和工艺比较复杂。减速式起动机是未来汽车用起动机的发展方向。

为了完成起动的任务，不管何种起动机都要满足以下要求：

①起动时应该平顺，起动机的齿轮与发动机的飞轮齿圈啮合要柔和，不应发生冲击。

②发动机起动后，起动机的小齿轮应能自动打滑或脱离啮合。

③发动机在工作中，起动机的小齿轮不能再进入啮合，防止发生冲击。

项目三　起动系统检修

085

④起动系统结构应简单，以保证工作可靠。

4. 起动机的型号

起动机的型号含义如图3-2所示。

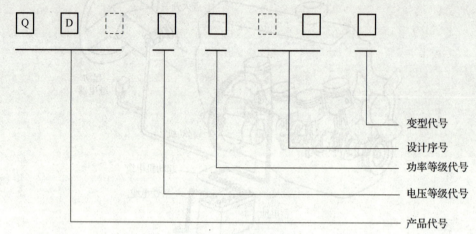

图3-2 起动机的型号

①产品代号：用字母表示，有 QD、QDJ、QDY 三种，分别表示电磁式起动机、减速式起动机、永磁式起动机或永磁式减速起动机。字母"Q、D、J、Y"分别为汉字"起、动、减、永"汉语拼音的第一个大写字母。

②电压等级代号：用一位阿拉伯数字表示，1 表示电压等级为 12 V，2 表示电压等级为 24 V。

③功率等级代号：用一位阿拉伯数字表示，含义如表3-2所示。

④设计序号：用1~2位阿拉伯数字表示，按产品设计的先后顺序排序。

⑤变型代号：主要电气参数和基本结构不变的情况下，一般电气参数的变化和结构的某些改变称为变型，用汉语拼音大写字母 A、B、C、…顺序表示。

例如：QD122C 表示为电磁式起动机，额定电压为 12 V，功率为 1~2 kW，第 2 次设计、产品为 C 型号。

表3-2 起动机功率等级代号的含义

功率等级代号	1	2	3	4	5	6	7	8	9
普通起动机功率/kW 减速起动机功率/kW 永磁起动机功率/kW	≤1	>1~2	>2~3	>3~4	>4~5	>5~6	>6~7	>7~8	>8

知识点二 起动机的结构

起动机（俗称"马达"）是起动系统的主要组成部分，常规起动机是由串励式直流电动机、传动机构和电磁开关（也称控制装置）三部分组成的，如图3-3所示。

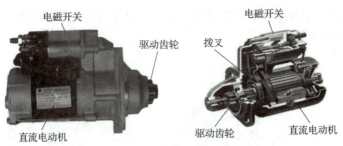

图 3 - 3 起动机的组成

1. 串励式直流电动机

直流电动机的作用是将蓄电池输入的电能转化为机械能，产生电磁转矩。汽车通常采用串励式直流电动机。"串励"是指电枢绕组与励磁绕组串联。串励式直流电动机具有起动转矩大、轻载转速高、重载转速低、能在短时间内输出最大功率等优点。

（1）直流电动机的结构

直流电动机由磁极、电枢、电刷及电刷架、外壳和端盖等组成，如图 3 - 4 所示。

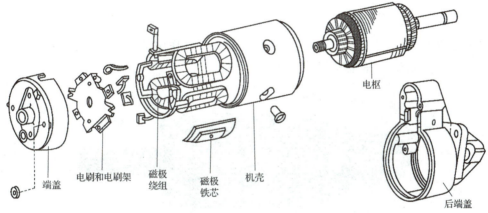

图 3 - 4 直流电动机的结构

1）磁极

磁极也称为"定子"，其作用是产生电枢转动时所需要的磁场，它由固定在机壳内的磁极铁芯和励磁绕组等组成，如图 3 - 5 所示。

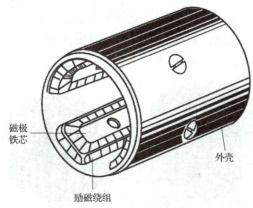

图 3 - 5 磁极的结构

项目三 起动系统检修

图 3-6 所示为励磁绕组的内部电路连接方式，励磁绕组一端接在外壳的绝缘接线柱上，另一端与两个非搭铁电刷相连。

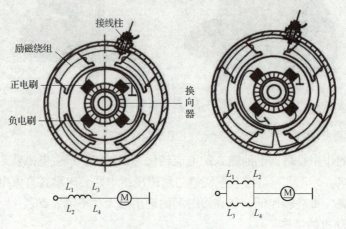

图 3-6　励磁绕组的接法

2）电枢

电枢也称为"转子"，是直流电动机的旋转部分，其作用是产生电磁转矩。电枢由电枢轴、电枢绕组、铁芯、换向器等组成，如图 3-7 所示。

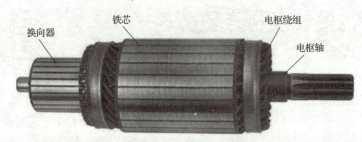

图 3-7　电枢的结构

电枢铁芯由硅钢片叠压而成，通过花键压装在电枢轴上。电枢绕组嵌装在铁芯的槽内，绕组两端分别焊接在换向器的铜片上。为了得到较大的转矩，尽可能地提高流经电枢绕组的电流（一般为 200~600 A），因此电枢绕组都采用横截面积较大的矩形裸铜线绕制而成。为了防止裸铜线绕组间短路，在铜线与铜线之间、铜线与铁芯之间用绝缘性能较好的绝缘纸隔开。

换向器装在电枢轴上，它由许多换向片组成，如图 3-8 所示。换向片嵌装在轴套上，各换向片之间均用云母绝缘。

图 3-8　换向器

3）电刷与电刷架

电刷与电刷架如图 3-9 所示。

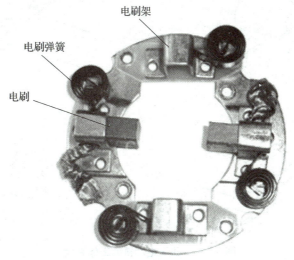

电刷架

电刷弹簧

电刷

图 3-9　电刷与电刷架

电刷与换向器配合使用。它用来连接磁场绕组和电枢绕组的电路，将电流引入电动机，并使电枢轴上的电磁力矩保持固定方向。

电刷架一般为框式结构，其中正极刷架与端盖绝缘，负极刷架通过机壳直接搭铁。电刷置于电刷架中，正电刷与励磁绕组的末端相连，负电刷通过负极刷架搭铁。电刷由铜粉与石墨粉压制而成，呈棕红色。电刷架上装有弹性较好的电刷弹簧，该弹簧使电刷与换向片之间具有适当的压力，以保持配合。

4）外壳

外壳是电动机的磁极和电枢的安装机体，其中一端有 4 个检查窗口，便于进行电刷和换向器的维护，同时起动机的电磁开关也安装在外壳上，上面有一绝缘接线端子，接电动机电流的引入线。

（2）直流电动机的工作原理

直流电动机是以通电导体在磁场中受到磁场力作用这一原理为基础制成的，如图 3-10 所示，电磁力的方向遵循左手定则。两片换向片分别与环状线圈的两端连接，电刷一端与两换向器片相接触，另一端分别接蓄电池的正极和负极。在环状线圈中电流的方向交替变化，用左手定则判断可知，环状线圈在电磁力矩的作用下按顺时针方向连续转动。这样在电源连续对电动机供电时，其线圈就不停地按同一方向转动。

为了增大电磁转矩并提高直流电动机转动的平稳性，实际的电动机中都采用了多匝线圈和相应的换向片，同时会用两对或者数对磁极产生磁场。

2. 传动机构

传动机构的作用是把直流电动机产生的转矩传递给发动机的飞轮齿圈，再通过飞轮齿圈把转矩传递给发动机的曲轴，使发动机起动；起动后，飞轮齿圈与驱动齿轮自动打滑脱离。传动机构安装在直流电动机电枢的延长轴上，一般由驱动齿轮、单向离合器、拨叉、啮合弹簧等组成，减速起动机还增加了减速齿轮。

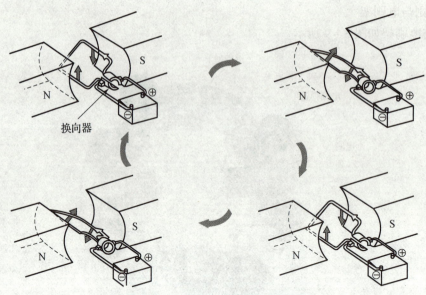

换向器

图 3－10　直流电动机的工作原理

（1）传动机构的工作过程

驱动齿轮和发动机飞轮的啮合一般是靠拨叉强制拨动完成的，图 3－11 所示为传动机构的工作示意图。

起动机不工作时，驱动齿轮处于图 3－11（a）所示的位置；当需要起动时，拨叉在电磁开关的电磁力作用下，将驱动齿轮推出与飞轮齿圈啮合，此时起动机的主电路还没有接通，如图 3－11（b）所示；待驱动齿轮与发动机飞轮齿圈完全啮合后，主电路接通，电枢轴开始带动发动机曲轴旋转，如图 3－11（c）所示。

发动机起动后，驱动齿轮与飞轮齿圈仍处于啮合状态，单向离合器打滑，驱动齿轮在飞轮的带动下空转。起动结束后，驱动齿轮在电磁开关的作用下，与飞轮齿圈脱离啮合。

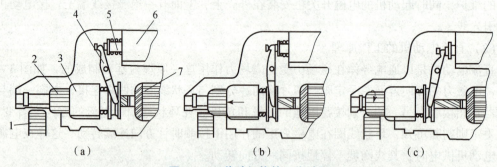

（a）　　　　　　　　　　　（b）　　　　　　　　　　　（c）

图 3－11　传动机构的工作过程

（a）起动机静止状态；（b）驱动齿轮与飞轮齿圈正在啮合；（c）完全啮合

1—飞轮；2—驱动齿轮；3—单向离合器；4—拨叉；5—活动铁芯；6—电磁开关；7—电枢

（2）单向离合器

传动机构中的关键部件是单向离合器，其作用是单方向传递转矩，即起动发动机时将起动机的转矩传给发动机曲轴，而当发动机起动后，它能自动打滑，不使飞轮齿环带动起动机电枢旋转，以免损坏起动机。

单向离合器有滚柱式、摩擦片式、弹簧式等几种类型。其中，滚柱式单向离合器广泛应用于汽油发动机上，丰田卡罗拉轿车所用的起动机上采用的就是滚柱式单向离合器，实物如图3－12所示。

下面就以滚柱式单向离合器为例，讨论其结构和工作原理。

如图3－13所示，滚柱式单向离合器的驱动齿轮与外壳制成一体，外壳内装有十字块和4套滚柱、压帽和弹簧。十字块与花键套筒固定连接，壳底与外壳相互扣合密封。

图3－12　滚柱式单向离合器

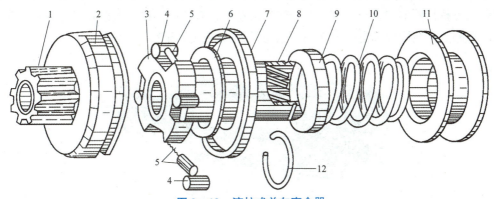

图3－13　滚柱式单向离合器

1—驱动齿轮；2—外壳；3—十字块；4—滚柱；5—压帽和弹簧；6—垫圈；7—护盖；
8—花键套筒；9—弹簧座；10—啮合弹簧；11—拨环；12—卡圈

花键套筒的外面装有啮合弹簧及衬圈，末端安装拨环与卡圈。整个离合器总成套装在电动机轴的花键部位上，可做轴向移动和随轴转动。在外壳与十字块之间，形成4个宽窄不等的楔形槽，槽内分别装有一套滚柱、压帽和弹簧。滚柱的直径略大于楔形槽窄端，略小于楔形槽的宽端。

起动时，起动机带动发动机旋转，滚柱被挤到楔形槽的窄端，并越挤越紧，使十字块与驱动小齿轮形成一体，直流电动机转矩便由此输出，如图3－14（a）所示。

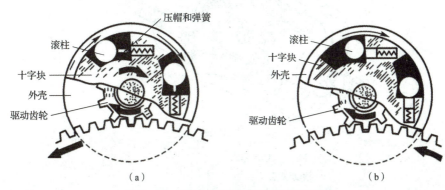

图3－14　滚柱式单向离合器的工作原理
（a）起动时；（b）起动后

发动机起动后，当飞轮线速度超过驱动小齿轮线速度时，飞轮便带动电动机电枢旋转，此时滚柱被推到楔形槽的宽端，出现了间隙。十字块和驱动小齿轮便开始打滑，如图 3 – 14（b）所示，于是齿轮空转，起到了保护电枢的作用。

滚柱式单向离合器工作时属于线接触传力，所以不能传递大转矩，一般用于小功率（2 kW 以下）的起动机上，否则滚柱易变形、卡死，造成单向离合器分离不彻底。由于它结构简单，目前广泛应用于汽油发动机上。

3. 电磁开关

电磁控制装置在起动机上称为电磁开关。

（1）电磁开关的作用

电磁开关用来接通和切断串励式直流电动机和蓄电池之间的电路，控制起动机驱动齿轮与发动机飞轮齿圈的啮合与分离。对于汽油发动机，有些起动机的电磁开关还具有在起动发动机时短路点火线圈附加电阻的作用。电磁开关的实物如图 3 – 15 所示。

图 3 – 15　电磁开关

（2）电磁开关的结构

图 3 – 16 所示为电磁开关的结构。电磁开关主要由吸引线圈、保持线圈、复位弹簧、活动铁芯、接触片（盘）等组成。其中，端子 C 接直流电动机励磁绕组，端子 30 直接接蓄电池。

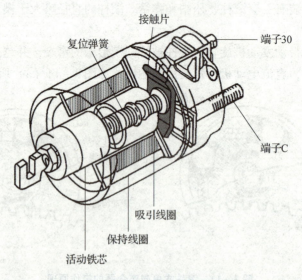

图 3 – 16　电磁开关的结构

知识点三　起动机的工作原理

起动机的结构
组成与工作原理

当点火开关打到起动挡时，电磁开关中的保持线圈和吸引线圈同时工作，带动活动铁芯移动，使得开关接触片将端子 30 与端子 C 结合，来自蓄电池的大电流作用到电动机上，带动电动机运转。电磁开关工作原理如图 3 – 17 所示。

电磁开关中的吸引线圈与直流电动机的线圈串联在一起，当电磁开关还未将端子 30 和端子 C 闭合时，流经吸引线圈的电流经过电动机的电磁线圈搭铁，同时以较小电流带动电动机转动一个角度，方便电动机前方的齿轮进入啮合。

当电磁开关闭合后，流经吸引线圈的电流被开关短路。吸引线圈退出工作。电磁开关只依靠保持线圈中产生的电磁场将活动铁芯保持在起动位置。

当电磁开关工作时，活动铁芯带动拨叉将驱动齿轮拨到与发动机齿圈相啮合的位置，从而使驱动齿轮带动齿圈运转；停止工作时，驱动齿轮应立即回到初始位置，防止发动机带动起动机高速运转损坏电动机。

驱动齿轮通过带单向离合器的花键套与直流电动机的转子连接在一起。单向离合器可以实现扭力的单向传递，其内圈通过花键与转子相连，外圈则与驱动齿轮连接在一起。当起动机运转时，单向离合器内圈带动离合器内部的滚柱，克服弹簧力向外圈楔槽小端靠拢并被内外圈卡紧，靠摩擦力带动外圈转动，实现力矩传递。

当发动机起动着车后，若驱动齿轮不回位，则发动机带动起动机驱动齿轮顺时针旋转。此时，单向离合器外圈的转动方向和滚柱弹簧迫使离合器滚柱滚向楔槽大端，中断单向离合器外圈向内圈的动力传递，从而防止直流电动机高速运转损坏起动机。

起动系工作
原理动画

车辆起动时，出现的"咔咔"声响是由起动机的电磁开关发出的。当车辆起动时，起动机电磁开关中的电磁线圈通电，使得后方的开关闭合，接通起动机运转电路，同时向后拉动拨叉，拨动驱动齿轮向前移动与发动机齿圈相啮合。起动机的基本原理如图 3 – 18 所示。

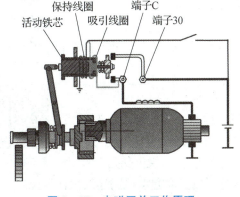

图 3 – 17　电磁开关工作原理

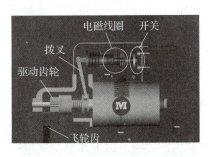

图 3 – 18　起动机的工作原理

若车辆起动时，起动机因内部损坏或蓄电池亏电造成电动机中的实际电流达不到工作电流，电动机便会停止运转，但仍能听到电磁开关闭合时产生的"咔咔"声。

任务实施

一、物料和工具领取

完成表 3-3 的填写。

表 3-3　物料和工具清单

序号	工具/物料名称	规格型号	数量	备注

二、起动机的检修

1. 从车上拆卸起动机

拆卸步骤为：断开蓄电池负极电缆→拔下起动机上的控制接线端→拆卸起动机上的蓄电池接线柱→松开起动机固定螺母→卸下起动机。

拆卸起动机

2. 起动机的解体

①拆下电磁开关与电动机接线柱之间的连接钢片。
②将电磁开关固定在外壳上的两个螺母拧出，取下电磁开关。
③将后轴承盖的两个螺钉拧出，取下轴承盖。
④用一字旋具将锁止板撬开，取出弹簧和橡胶圈。
⑤拧出 2 个贯穿螺栓，将换向器端框架拆下。
⑥用铁丝钩将 4 个电刷取出，同时将电刷架拆下。
⑦将励磁线圈架和电枢等一并取出。
⑧用一字旋具轻轻敲入前端制动圈套，撬出弹簧卡环，从电枢轴上拆下制动圈套和单向离合器。

起动机的分解

3. 起动机的整体检测

起动机的整体检测包括牵引测试、保持测试、检查小齿轮间隙、驱动齿轮返回测试和无负荷测试 5 种。在检测起动机时，可以直接用蓄电池进行供电，但每次检查时间应限定为 3~5 s，以防止蓄电池长时间供电给起动机而烧坏其内部线圈。以上 5 个测试应连续进行，这样可以检测起动机的连续操作情况。

起动机的检测

（1）牵引测试

牵引测试的目的是测试电磁起动开关是否正常。为了防止起动机转动，从端子 C 断开励磁线圈引线，将蓄电池正极端子连接到端子 50 上，将蓄电池负极端子连接到起动机机体和端子 C（测试引线 A）上，检查小齿轮是否露出，如图 3-19 所示。

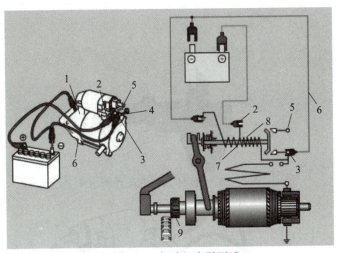

图 3 - 19　起动机牵引测试

1—起动机机体；2—端子 50；3—端子 C；4—励磁线圈引线；

5—端子 30；6—测试引线 A；7—保持线圈；8—牵引线圈；9—驱动齿轮

转动点火开关使其处于"起动"位置，然后让电流流入牵引线圈和保持线圈，检查小齿轮是否伸出。如果小齿轮没有伸出，更换电气起动机开关总成。若正常伸出，进行下一步检查。

（2）保持测试

保持测试的目的是检测起动机保持线圈是否正常，其接线图如图 3 - 20 所示。

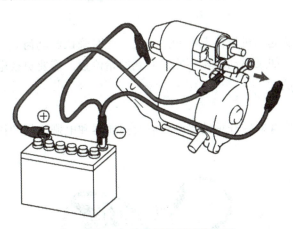

图 3 - 20　起动机保持测试接线图

在牵引测试后，当驱动齿轮伸出时，从端子 C 断开测试引线 A，从端子 C 断开流入牵引线圈的电流，让电流仅流入保持线圈。如果驱动齿轮无法保持伸出状态，请更换电磁开关总成。如正常，则进行下一步检查。

（3）检查小齿轮间隙

在保持测试状态下，用游标卡尺测量小齿轮和止动环之间的间隙，如图 3 - 21 所示。如果间隙超出规定范围，则应更换电磁开关总成。

（4）驱动齿轮返回测试

起动机驱动齿轮返回测试的目的，是检查驱动齿轮是否能够返回到其原始位置，其接线图如图 3 - 22 所示。

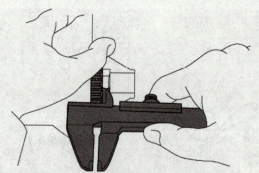

图 3-21　起动机驱动齿轮间隙测量

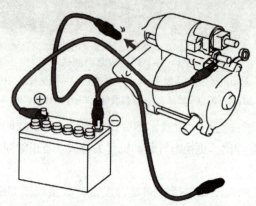

图 3-22　驱动齿轮返回测试接线图

　　完成保持测试后从起动机机体上断开搭铁线，此时确认驱动齿轮是否返回到其原始的位置，如图 3-22 所示。如果驱动齿轮不能返回到原始位置，需要更换电磁开关总成，如果正常，则进行下一步测试。

　　（5）无负荷测试

　　无负荷测试主要检查电磁开关的接触点以及换向器和电刷之间的接触是否正常，其接线图如图 3-23 所示。

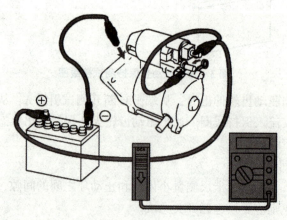

图 3-23　无负荷测试接线图

　　用台虎钳固定住起动机，为了防止起动机损坏，可用铝板或布将起动机包裹起来。将拆下的励磁线圈引线连接到端子 C，将蓄电池正极（+）端子连接到端子 30 和端子 50 上，将万用表连接在蓄电池正极（＋）端子和端子30之间，将蓄电池负极（－）端子连接到起动机机体上，然后起动起将会动机。要求检测时流入起动机的电流小于50 A，但瞬时电流可能达到200～300 A，因此需要选择合适的电流表和引线。

经过以上5个测试试验后，起动机如果不能起动，则需要更换起动机，若能正常起动，可进行装复。

4. 起动机的装复

装配前，应在电枢轴与支承衬套、花键等配合及摩擦部位涂抹上少量的润滑脂。

起动机的装配

装复的一般步骤是先将单向离合器和拨叉装入后端盖内，再装中间轴承支撑板，将电枢轴插入后端盖内，装上电动机外壳和前端盖，并用穿心螺栓将它们紧固好，然后装电刷、防尘罩、起动机开关等。在装复过程中应注意以下几点：

①注意检查各轴承的同轴度，特别是电枢轴有三个轴承支撑时，往往不易同轴，若同轴度误差过大，就会增加电枢轴运转的阻力。

②固定中间轴承支撑板的螺钉，一定要带弹簧垫圈，否则工作中支撑板一旦振动，螺钉容易松脱，可能造成起动机不能正常工作，甚至损坏起动机。

安装起动机

③不要遗漏驱动齿轮端面的止推垫圈、换向器端面的胶木垫圈及中间轴承支撑板靠离合器一面的胶木垫圈。

④磁极与电枢铁芯间应有0.8～1.8 mm的间隙，若间隙过小，起动机容易发生扫膛现象，而间隙过大，起动机电磁力矩和功率严重下降。

⑤电枢轴轴向间隙不宜过大，一般应为0.2～0.7 mm，不合适时，可在轴的前端或后端改变垫圈的厚度来进行调整。

怎样更换起动机

⑥起动机壳体与端盖和电磁开关之间以及起动机主接线柱和连接导线之间的紧固件要按规定扭矩拧紧。

三、故障诊断与排除

①针对故障车，打开点火开关，起动发动机，会发出"咔咔"的声音。

②检查起动机和离合器的固定螺栓，应正常。

③拆下起动机，检查外观，应正常、无损坏。

④检查起动机上的驱动齿轮的磨损情况，应正常。

⑤对起动机进行牵引测试，发现能够伸出，但是伸出量不大。

⑥检查驱动齿轮间隙，发现驱动齿轮间隙较小。

⑦经过驱动齿轮间隙测试发现，电磁开关出现故障，使小齿轮伸出量不足，导致驱动不能和飞轮很好地啮合，导致起动过程中出现"咔咔"的声音。

⑧更换起动机后，故障排除。

⑨整理工具，清洁场地。

任务评价

各组展示成果，介绍任务完成过程、制作过程视频、运行结果视频、技术文档整理情况

并提交汇报材料，进行小组自评、组间互评、教师评价，完成考核评价表，见表3-4。

表3-4 考核评价表

序号	评价项目	评价内容	分值	自评(30)%	互评(30)%	师评(40)%	合计
1	职业素养 （30分）	分工合理，制订计划能力强，严谨认真	5				
		爱岗敬业、安全意识、责任意识、服从意识	5				
		团队合作、交流沟通、互相协作、分享能力	5				
		遵守行业规范、现场6S标准	5				
		主动性强，保质保量完成工作页相关任务	5				
		能采取多样化手段收集信息、解决问题	5				
2	专业能力 （60分）	检查方法正确、规范	10				
		操作过程严肃认真、精益求精	10				
		程序设计合理、熟练	15				
		检查结果正确	10				
		技术文档整理完整	15				
3	创新意识 （10分）	创新性思维和行动	10				
	合计		100				
评价人签名：			时间：				

知识拓展

减速起动机

减速起动机的结构特点是在传动机构和电枢轴之间安装了一套齿轮减速装置，其他基本结构与电磁强制啮合式起动机相同。它的优点是可以降低直流电动机的转速，增大输出转矩，减小起动机的体积和重量，在同样输出功率下，体积比普通起动机减小20%~40%。减速起动机不仅提高了起动性能，也相对减轻了蓄电池的负担。

目前，采用减速起动机的汽车越来越多，如丰田车系、本田车系、北京现代车系、北京切诺基吉普车系和奥迪轿车等都采用了减速起动机。根据齿轮减速装置的不同，减速起动机主要有平行轴式减速起动机和行星齿轮式减速起动机两种形式。

1. 平行轴式减速起动机

其结构如图 3-24 所示，主要包括电动机、平行轴减速装置、传动机构和控制装置。其中，减速齿轮装置采用平行轴外啮合减速齿轮装置，该装置中设有 3 个齿轮，即电枢轴齿轮、惰轮（中间齿轮）及减速齿轮（见图 3-25）。与常规起动机相比，该减速装置传动比较大，输出力矩也较大。

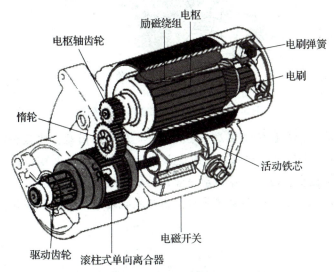

图 3-24 平行轴式减速起动机的结构

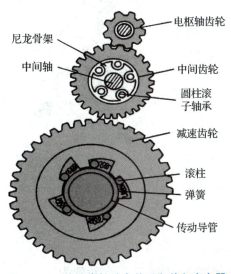

图 3-25 减速齿轮啮合关系和单向离合器

减速型起动机
结构动画

平行轴式减速起动机的主动齿轮轴与从动齿轮轴平行，但两轴中心距较大，其优点是结构简单、工作可靠、噪声小、便于维修，缺点是增加了起动机的径向尺寸。

2. 行星齿轮式减速起动机

行星齿轮式减速起动机主要由电动机、行星齿轮式减速装置、传动机构和控制装置组成，其中电动机、传动机构和控制装置部件与常规起动机类似，此处不再重复叙述。

行星齿轮式减速装置中设有 3 个行星轮、一个太阳轮（电枢轴齿轮）及一个固定的内齿圈，其结构如图 3-26 所示。

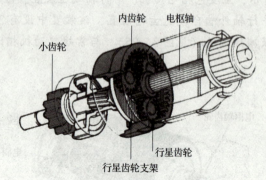

内齿轮　电枢轴

小齿轮

行星齿轮

行星齿轮支架

图 3-26　行星齿轮式减速装置结构

内齿圈固定不动，行星齿轮支架是一个具有一定厚度的圆盘，圆盘和驱动齿轮轴制成一体。3 个行星齿轮连同齿轮轴一起压装在圆盘上，行星齿轮在轴上可以边自转边公转。驱动齿轮轴一端制有螺旋键齿，与离合器传动导管内的螺旋键槽配合。

丰田卡罗拉发动机采用的起动机就是行星齿轮式减速起动机，如图 3-27 所示。

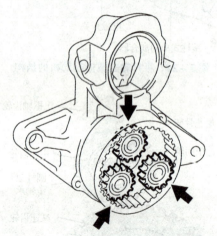

图 3-27　卡罗拉行星齿轮式减速起动机

课程思政故事

课后练习

一、填空题

1. 汽车起动机的作用是将蓄电池的＿＿＿＿转变为＿＿＿＿，驱动发动机飞轮旋转实现发动机的起动。

2. 起动机由＿＿＿＿、＿＿＿＿、＿＿＿＿三大部分组成。

3. 起动机的直流电动机主要由＿＿＿＿、＿＿＿＿、＿＿＿＿及前后端盖等组成。

二、选择题

1. 直流串励式起动机中的"串励"是指（　　）。

A. 吸引线圈和保持线圈串联连接

B. 励磁绕组和转子绕组串联连接

C. 吸引线圈和转子绕组串联连接

2. 起动机空转的原因之一是（　　　）。

A. 蓄电池亏电　　　　B. 单向离合器打滑　　C. 电刷过短

3. 减速起动机和常规起动机的主要区别在于（　　　）不同。

A. 直流电动机　　　　B. 控制装置　　　　C. 传动机构

4. 起动机驱动齿轮的啮合位置由电磁开关中的（　　　）线圈的吸力保持。

A. 保持　　　　　　B. 吸引　　　　　　C. 次级　　　　　　D. 初级

5. 永磁式起动机中用永久磁铁代替常规起动机的（　　　）。

A. 转子绕组　　　　　　　　　　　B. 励磁绕组

C. 吸引线圈　　　　　　　　　　　D. 保持线圈

三、赛证练习

准备"1＋X"职业技能领域职业技能等级标准考核用车 1 辆，并备齐考核用的相关工具、设备后，进行以下技能等级考核试题的练习。

一、车辆信息记录					
品牌		整车型号		生产日期	
发动机型号		发动机排量		行驶里程	
车辆识别码					

二、起动系统电路检测			
起动机电路图位置			记录所查询的电路图在维修手册中的位置
名称	起动电路保险丝	起动机继电器	起动机电机
电路编号			
判断	正常□　异常□	正常□　异常□	正常□　异常□

三、起动及充电系统性能检测		
参数名称	测量值	判断
起动电流		正常□　异常□
起动时电压降		正常□　异常□

任务二
起动无力故障的检修

任务描述

小华在某丰田汽车4S店做维修接待工作。有一天，小华接到客户王女士的现场救援电话，王女士说她的卡罗拉汽车无法起动。小华接到故障车后，接通点火开关至起动挡后，起动机转动缓慢无力，发动机曲轴转速太低，甚至起动的时候发出一两声"咔咔"的声音后便不再转动，发动机无法着车。

假如你是小华，请你负责接待该故障车，为王女士完成汽车起动系统初步检查，与客户完成关于起动系统故障的初步沟通，并将车辆交付给维修技师进行故障排除。

学习目标

目标类型	目标要求
知识目标	能够掌握起动机的结构
	能够根据起动机的故障现象制订正确的维修计划
技能目标	能够正确进行起动机部件的更换
	能够分析零部件是否损坏并作出故障判断
思政目标	能够锤炼养成锲而不舍、脚踏实地的劳动思想
	能够养成善于观察、刻苦专研的学习精神

任务准备

将班级学生分组，3人或4人为一组，由轮值安排生成组长，使每个人都有锻炼组织协调和管理能力的机会。每人都有明确的任务分工，机电维修组长1人，机电维修中工1人，机电维修学徒1~2人，模拟项目实施过程，培养团队合作、互帮互助精神和协同攻关能力。任务分组见表3-5。

表 3 – 5　任务分组

组长		组名		指导老师	
团队成员	学号		角色指派		备注
			机电维修组长		任务进度安排
			机电维修中工		任务主实施
			机电维修学徒		任务协助实施
			机电维修学徒		任务协助实施

任务引导

引导问题1：常见的起动机故障有哪些？

引导问题2：直流电动机在起动机上的作用是什么？

引导问题3：励磁式电动机，其励磁绕组与转子是串联连接还是并联连接？

知识链接

知识点一　起动机转动无力故障分析

接通汽车点火开关后，起动机转动缓慢或不能连续运转，这种故障称为起动机转动无力。

引起起动机转动无力故障的原因很多，总结起来主要有以下几类故障原因。

（1）蓄电池故障

①蓄电池内部故障。

②蓄电池亏电。

（2）电路故障

①电磁开关接触盘与接触头接触不良。

②蓄电池接线柱与电缆线接触不良或接线柱氧化严重。

③换向器与电刷接触不良。

④起动机控制电路上的插头脏污。

（3）起动机本身故障

①电枢绕组或者磁场绕组局部短路。

②前、后支承衬套磨损严重。

③转子轴弯曲导致电枢和磁极相碰。

④换向器损坏。

⑤电磁开关故障。

⑥转轴装配过紧。

（4）发动机转动阻力过大

直流电动机的
工作原理

知识点二　直流电动机

直流电动机是起动机的组成结构之一，它给起动机提供起动转矩，使发动机能够起动。丰田卡罗拉轿车的直流电动机结构如图 3-28 所示。

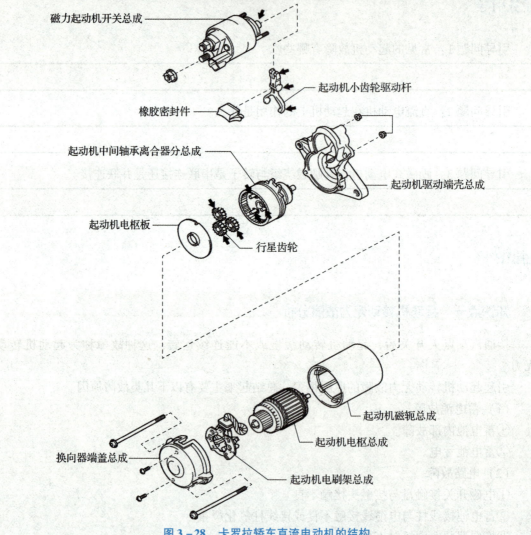

磁力起动机开关总成

起动机小齿轮驱动杆

橡胶密封件

起动机中间轴承离合器分总成

起动机驱动端壳总成

起动机电枢板

行星齿轮

起动机磁轭总成

起动机电枢总成

换向器端盖总成

起动机电刷架总成

图 3-28　卡罗拉轿车直流电动机的结构

1. 磁极（定子）

为了增大转矩，汽车起动机通常采用 4 个磁极，两对磁极相对交错安装。丰田卡罗拉轿车采用的是励磁式定子。

励磁式定子铁芯为低碳钢，铁芯磁场要靠绕在外面的励磁绕组通电建立。为了使电动机磁通能按设计要求分布，将铁芯制成图4-29所示的形状，并用螺栓紧固在机壳上。励磁绕组由矩形截面的扁铜带绕制而成，其匝数一般为6~10匝；铜带之间用绝缘纸绝缘，并用白布带以半叠包扎法包好后，浸上绝缘漆烘干而成。采用励磁式定子的电动机，其励磁绕组与转子串联连接，因此也称为串励式电动机。

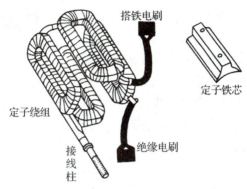

图3-29　励磁式直流电动机的定子铁芯

2. 电枢（转子）

电枢也称作转子，由转子轴、铁芯、转子绕组和换向器等组成。转子的作用是产生电磁转矩。典型起动机转子的结构如图3-30所示。转子铁芯由硅钢片叠成后固定在转子轴上。铁芯外围均匀地开有线槽，用以放置转子绕组；转子绕组由较大矩形截面的铜带或粗铜线绕制而成。转子绕组的端头被均匀地焊接在换向片上面。

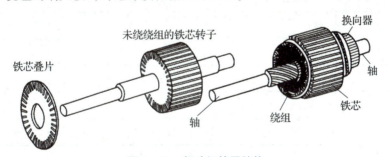

图3-30　起动机转子结构

换向器由铜片和云母叠压而成，压装于转子轴前端，铜片间绝缘，铜片与轴之间也绝缘，换向片与线头采用锡焊连接。考虑到云母的耐磨性较好，当换向片磨损后，云母片就会凸起，影响电刷与换向片的接触，因此，有些起动机换向片之间的云母片较换向片割低0.5~0.8 mm。

转子轴驱动端有螺旋形花键，用以套装传动机构中的单向离合器。

转子与定子铁芯之间的气隙，普通起动机一般为0.5~0.8 mm，减速型起动机一般为0.4~0.5 mm。

3. 电刷端盖

电刷端盖一般用浇注或冲压法制成，盖内装有4个电刷架及电刷，其中两个搭铁电刷利

用与端盖相通的电刷架搭铁。另外两个电刷的电刷架与端盖绝缘，绝缘电刷引线与励磁绕组的一个端头相连接，如图 3 – 31 所示。

起动机电刷通常用铜粉（80%～90%）和石墨粉压制而成，以减小电阻并提高耐磨性。电刷架上有盘形弹簧，用以压紧电刷。

4. 驱动端壳

驱动端壳上有拨叉座和驱动齿轮行程调整螺钉，还有支撑拨叉的轴销孔。为了避免转子轴弯曲变形，一些起动机上还装有中间支撑板。端壳和中间支撑板上的轴承多用青铜石墨轴承或铁基含油轴承。轴承一般采用滑动式，以承受起动机工作时的冲击性载荷。

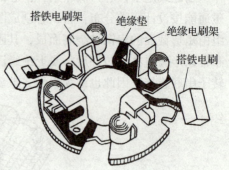

图 3 – 31　电刷及电刷架

两端壳与机壳靠两个较长的连接螺栓将起动机组装成一个整体。端壳与机壳之间的接合面上一般有定位用的安装记号。

任务实施

一、物料和工具领取

完成表 3 – 6 的填写。

表 3 – 6　物料和工具清单

序号	工具/物料名称	规格型号	数量	备注

二、故障诊断与排除

①打开点火开关，发动机无法起动。

②打开发动机舱盖，检查蓄电池电压，显示 12.8 V，正常。

③起动发动机，检测蓄电池电压大于 9 V，说明蓄电池正常。

④短接起动机两主接线柱，观察起动机运转状态，发现起动机运转无力，由此推测为起动机内部电路问题。

⑤拆卸并分解起动机，将起动机的直流电动机取出并进行检测，发现电动机内部磁极的励磁绕组的绝缘漆已经局部熔化，导致励磁绕组短路，使直流电动机功率下降，输出转矩不足，起动机运转无力，不能起动。

⑥更换起动机，故障排除。

⑦整理工具，清洁场地。

任务评价

各组展示成果，介绍任务完成过程、制作过程视频、运行结果视频、技术文档整理情况并提交汇报材料，进行小组自评、组间互评、教师评价，完成考核评价表，见表 3-7。

表 3-7　考核评价表

序号	评价项目	评价内容	分值	自评（30%）	互评（30%）	师评（40%）	合计
1	职业素养（30分）	分工合理，制订计划能力强，严谨认真	5				
		爱岗敬业、安全意识、责任意识、服从意识	5				
		团队合作、交流沟通、互相协作、分享能力	5				
		遵守行业规范、现场 6S 标准	5				
		主动性强，保质保量完成工作页相关任务	5				
		能采取多样化手段收集信息、解决问题	5				
2	专业能力（60分）	检查方法正确、规范	10				
		操作过程严肃认真、精益求精	10				
		程序设计合理、熟练	15				
		检查结果正确	10				
		技术文档整理完整	15				
3	创新意识（10分）	创新性思维和行动	10				
	合计		100				
评价人签名：			时间：				

知识拓展

一、永磁式起动机

电动机的磁场由永久磁铁产生的起动机，叫作永磁式起动机，其电动机不需要电磁绕组，可节省材料，而且能使电动机定子的径向尺寸减小。在输出特性相同的情况下，永磁式电动机质量比定子式电动机小 30% 以上。条形永久磁铁可用冷粘接法粘在机壳内壁上，或

者用片状弹簧均匀地安装在电动机机壳内表面上。由于结构尺寸和永磁材料性能的限制，永磁式起动机的功率一般不大于 2 kW。永磁式起动机的机械特性较差，所以永磁式起动机必须配有减速机构，即永磁式起动机一般都是永磁式减速起动机。

永磁式起动机一般有 2~3 对磁极，没有励磁绕组，起动机电流流经换向器和电刷直接到电枢。在其他方面，永磁式起动机与有励磁绕组的起动机基本相同。图 3-32 所示为部分奥迪车用永磁式起动机的结构分解图。该起动机采用了行星齿轮式减速机构、滚柱式单向离合器。

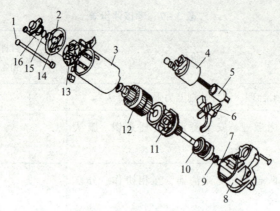

图 3-32　永磁式起动机分解图

1—穿钉；2—调整垫片；3—外壳；4—电磁开关；5—活动铁芯；6—拨叉；7—卡环

8—驱动端盖；9—止推垫圈；10—滚柱式单向离合器；11—行星齿轮式减速机构

12—转子；13—电刷架；14—端盖；15—锁片；16—密封圈

二、起动机的使用与维护

1. 起动机的使用注意事项

①起动前应将变速器挂上空挡，装备自动变速器的汽车应将变速杆置于停车挡（P）或空挡（N），起动的同时踩下离合器踏板。

②每次接通起动机的时间不得超过 5 s，两次之间间歇 15 s 以上。

③当发动机起动后应立刻松开点火开关，切断起动挡，使起动机停止工作。

④经过 3 次起动，若发动机仍没有起动着火，则停止起动，进行简单的检查，如检查蓄电池的容量，极桩的连接，油、电路等；否则，蓄电池的容量将严重下降，起动发动机变得更加困难。

2. 起动系统维修的注意事项

①在车上进行检测之前，一定要将变速器挂上空挡，并拉紧驻车制动器手柄。

②在拆卸起动机之前，应先拆下蓄电池的搭铁电缆。

③有些起动机在起动机与法兰盘之间使用了多块薄垫片，在装配时应按原样装回。

课后练习

一、选择题

1. 减速起动机和常规起动机的主要区别在于（　　　）不同。

A. 直流电动机　　　　　B. 控制装置　　　　　C. 传动机构

2. 不会引起起动机运转无力的原因是（　　　）。

A. 吸引线圈断路　　　　　　　　　B. 蓄电池亏电

C. 换向器脏污　　　　　　　　　　D. 电磁开关中接触片烧蚀、变形

3. 在（　　　）中，采用直推的方式使驱动齿轮伸出和飞轮齿圈啮合。

A. 常规起动机　　　　　　　　　　B. 平行轴式减速起动机

C. 行星齿轮式减速起动机

4. 在行星齿轮式减速起动机中，行星齿轮（　　　）。

A. 只是围绕各自的中心轴线转动　　　B. 沿着内齿圈公转

C. 边自转边公转

5. 永磁式起动机中用永久磁铁代替常规起动机的（　　　）。

A. 电枢绕组　　　　　　　　　　　B. 励磁绕组

C. 电磁开关中的两个线圈

二、判断题

1. 常规起动机中吸引线圈、励磁绕组及电枢绕组串联连接。　　　　　（　　　）

2. 起动机中的传动装置只能单向传递力矩。　　　　　　　　　　　（　　　）

3. 在起动机起动的过程中，吸引线圈和保持线圈中一直有电流通过。　（　　　）

4. 在永磁式起动机中，电枢是用永久磁铁制成的。　　　　　　　　（　　　）

5. 用万用表检查电刷架时，两个正电刷架和外壳之间应该绝缘。　　（　　　）

6. 起动机电枢装配过紧可能会造成起动机运转无力。　　　　　　　（　　　）

7. 减速起动机中直流电动机的检查方法和常规起动机完全不同。　　（　　　）

三、技能竞赛习题

以下为2018年山东省职业院校技能大赛高职组汽车检测与维修赛项发动机系统检修理论题。

1. 车载电网控制单元供电及其自身故障不是仪表指示灯不能正常点亮的故障原因。

（　　　）

2. J623电源供电线路断路会使起动机不工作。　　　　　　　　　（　　　）

3. 迈腾B82.0ITSI发动机所用开关元件中，机油压力开关F22和F1是常开开关。

（　　　）

4. 点火开关电源由J519端子T73a/14提供。　　　　　　　　　　（　　　）

5. SB22（5 A）保险的用电器端和发动机控制单元J623与T91/67端子不是同一电位。

（　　　）

课程思政故事

任务三

起动机不转动故障的检修

任务描述

小明在某一汽大众汽车4S店做维修接待工作。有一天，小明接到客户刘先生的现场救援电话，刘先生说他的迈腾B8汽车无法起动。小明接到故障车后，接通点火开关至起动挡，起动机不转动，发动机无法着车。

假如你是小明，请你负责接待该故障车，为刘先生完成汽车起动系统初步检查，与客户完成关于起动系统故障的初步沟通，并将车辆交付给维修技师进行故障排除。

学习目标

目标类型	目标要求
知识目标	能够掌握起动系统的电路分析方法
	能够根据起动机不工作的故障现象制订正确的维修计划
技能目标	能够正确分析起动系统的故障原因，确定故障诊断流程
	能够对起动控制电路进行测试从而判断出故障点
思政目标	严格遵守岗位操作规程，确保工具、设备和自身的安全
	培养学生实事求是、精益求精、不怕吃苦的工匠精神

任务准备

将班级学生分组，3人或4人为一组，由轮值安排生成组长，使每个人都有锻炼组织协调和管理能力的机会。每人都有明确的任务分工，机电维修组长1人，机电维修中工1人，机电维修学徒1~2人，模拟项目实施过程，培养团队合作、互帮互助精神和协同攻关能力。任务分组见表3-8。

表 3 - 8　任务分组

组长		组名		指导老师	
团队成员	学号		角色指派		备注
			机电维修组长		任务进度安排
			机电维修中工		任务主实施
			机电维修学徒		任务协助实施
			机电维修学徒		任务协助实施

任务引导

引导问题 1：迈腾汽车上的"一键起动开关"是什么？它是如何使用的？

引导问题 2：起动系统控制电路有哪几种类型？

引导问题 3：起动机不转动故障现象，由起动电路引起的原因主要有哪些？

知识链接

直接传动型
起动机的控制电路

知识点一　起动系统控制电路

起动系统的控制电路是指除起动机本身电路以外的起动系统电路。起动系统的控制电路随车型的不同而有所不同，家用汽车上主要有两种形式：一种为无起动继电器的控制电路，直接由点火开关起动挡控制；另一种为带有起动继电器的控制电路。

1. 无起动继电器的控制电路

（1）起动电路接通阶段

如图 3 - 33 所示，当点火开关位于起动挡时，电流的流向：蓄电池"＋"→点火开关起动挡开关→端子 50→保持线圈→搭铁。同时吸引线圈中也通过电流，电流的流向：蓄电池"＋"→点火开关起动挡开关→端子 50→吸引线圈→端子 C→励磁线圈→电枢→搭铁。此时，由于吸引线圈和励磁线圈中的电流非常小，电动机低速运转。同时吸引线圈和保持线圈中产生的磁场吸引活动铁芯向右运动，克服复位弹簧的作用力，拉动拨叉向左运动，拨叉使离合器的小齿轮向左和飞轮的齿圈啮合。这个过程中，电动机的转速低，可以保证齿轮之间平顺啮合。

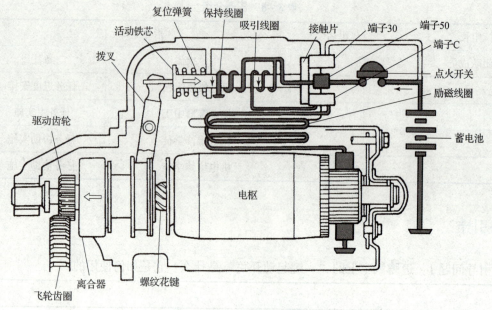

图 3 – 33 起动电路接通阶段

（2）驱动齿轮和飞轮齿圈啮合阶段

如图 3 – 34 所示，当小齿轮和飞轮齿圈完全啮合以后，与活动铁芯连在一起的接触片向右运动，和端子 30 及端子 C 接触，从而接通了主开关，通过起动机的电流增大，电动机的转速升高。而电枢轴上的螺纹使驱动齿轮和飞轮齿圈更加牢固地啮合。此时吸引线圈两端的电压相等，所以无电流通过。保持线圈产生的磁场力使活动铁芯保持在原位不动。此时的电流方向：蓄电池 "＋" →点火开关起动挡开关→端子 50→保持线圈→搭铁；蓄电池 "＋" →端子 30→接触片→端子 C→励磁线圈→电枢绕组→搭铁。

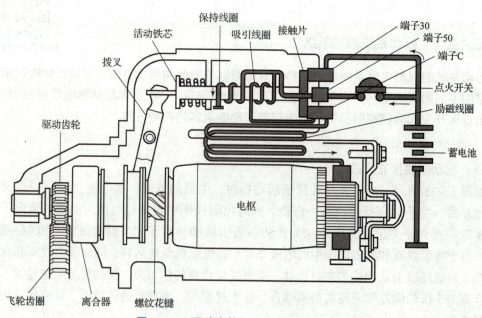

图 3 – 34 驱动齿轮和飞轮齿圈啮合阶段

（3）起动完成阶段

如图 3-35 所示，发动机起动以后，点火开关会从"START"挡回到"ON"挡，这就切断了端子 50 上的电压。这时，接触片和端子 30 及端子 C 仍保持接触。电路中的电流流向：蓄电池"+"→端子 30→接触片→端子 C→吸引线圈→保持线圈→搭铁。同时电流还经过端子 C→励磁线圈→电枢→搭铁。由于此时吸引线圈和保持线圈的电流方向相反，产生的磁场力相互抵消，在复位弹簧的作用下，活动铁芯向左运动，使得小齿轮与飞轮齿圈脱离，同时，接触片和两个端子断开，切断电动机中的电流，整个起动过程结束。

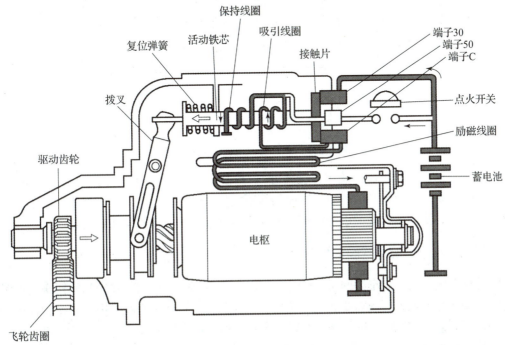

图 3-35　起动完成阶段

2. 带起动继电器的控制电路

装起动继电器的目的是减小通过点火开关的电流，防止点火开关烧损。起动继电器有 4 个接线柱，分别标有起动机、蓄电池、搭铁和点火开关，点火开关与搭铁接线柱之间是继电器的电磁线圈，起动机和蓄电池接线柱之间是继电器的触点。接线时，点火开关接线柱接点火开关的起动挡，蓄电池接线柱接电源，搭铁接线柱直接搭铁，起动机接线柱接起动机电磁开关上起动机接线柱，如图 3-36 所示。

带起动继电器的起动机控制电路

发动机起动时，将点火开关起动挡接通，继电器的电磁线圈通电，使触点闭合，电源的电流便经继电器的触点通往起动机电磁开关的起动机接线柱。电磁开关通电后，便控制起动机进入工作状态。从电路中可以看出，起动期间流经点火开关起动挡和继电器线圈的电流较小，大电流经过继电器开关流入起动机，保护了点火开关。起动过程的工作原理如前所述，这里就不再重复。

为了防止发动机起动以后起动电路再次接通，导致驱动齿轮与飞轮齿圈再次啮合而损坏起动机，在一些大型货车和客车上，在起动电路中还安装带有保护功能的组合式继电器来实现保护功能。

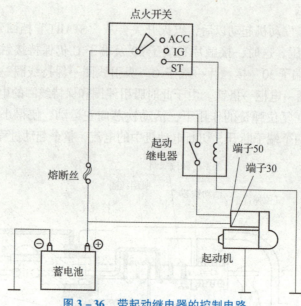

图 3 – 36　带起动继电器的控制电路

此外，目前汽车的防盗系统中，会将起动继电器线圈通过防盗系统搭铁，发动机起动时，只有防盗系统发出起动信号后，继电器线圈才能搭铁，起动机工作。如果防盗系统没有收到起动信号，则继电器线圈中无电流，起动机就不能工作，实现了防盗功能。

知识点二　一键起动式起动系统

随着汽车电子技术和车载网络系统的发展，出于便利性等要求，在中高档轿车上逐渐使用一键起动式起动系统。当需要起动车辆时，只要驾驶人持钥匙坐在车内，把车辆换挡杆置于 P 挡或者 N 挡（手动挡置丁空挡），踩下制动踏板或离合踏板的同时，按下"发动机一键起动（ENGINE START STOP）"按钮（见图 3 – 37），汽车检测系统会立刻识别智能钥匙，经过确认后，车内的电脑会进入工作状态，车辆即被起动，再次按下起动按钮后，车辆熄火。

一键起动式起动系统控制电路一般由智能钥匙、起动/停止按钮、一键起动控制单元、发动机控制单元、电子转向锁及控制模块、防盗控制模块、多个室内外天线、数据总线及其他线束、控制继电器、蓄电池、熔丝和起动机等组成。

一键起动式起动系统的基本原理如图 3 – 38 所示。当遥控接收器检测到钥匙位于驾驶室内，并通过防盗检测后，系统进入工作准备状态。在驾驶员按下一键起动按钮后，控制电脑会进行一系列检测，比如是否有起动信号输入，是否踩下制动踏板，变速器是否位于 P 或 N 挡，或离合器是否处于分离状态后，控制单元会通过晶体管电路控制起动机开始工作。

现以大众迈腾 B8 车型为例，介绍一键起动式起动系统的工作原理，如图 3 – 39 所示。

图 3 – 37　无钥匙一键起动按钮

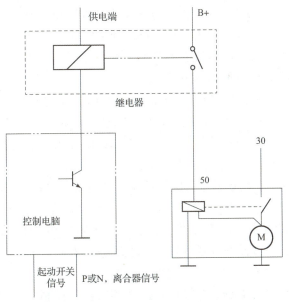

图 3-38　一键起动式起动系统基本原理

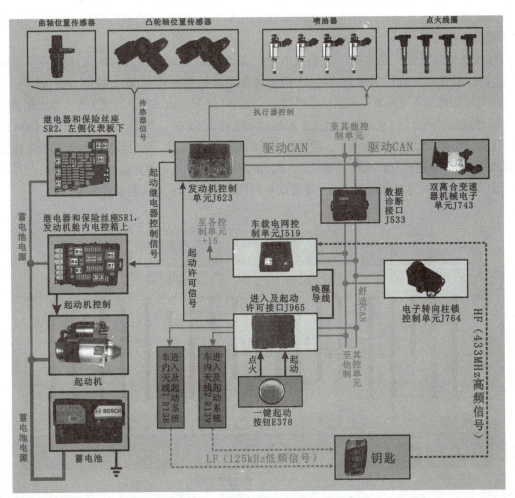

图 3-39　大众迈腾 B8 一键起动系统

①按下一键起动按钮 E378，按钮将"点火开关接通"和"发动机起动"的信息发送到进入及起动许可控制单元 J965 上，并读取一键起动键信息。

②J965 一方面唤醒车载电网控制单元 J519，另外一方面唤醒舒适 CAN 总线系统，同时查询防盗锁止系统是否允许接通 15 电源。

③系统为确定车内是否有授权钥匙，J965 通过车内天线发送一个查询码（125 kHz 低频信号）给已匹配的钥匙，授权钥匙识别到该信号后进行编码，并向 J519 返回一个应答数据（433 MHz 高频信号），J519 将该数据转发给其内部的防盗锁止系统控制单元，防盗锁止系统控制单元通过比对，确认是否为已授权钥匙。

④确认为授权钥匙后，防盗锁止系统控制单元通过舒适系统 CAN 总线向电子转向柱锁控制单元发送一个解锁命令，以打开电子转向柱，此时转向盘可以转动。

⑤同时系统通过 CAN 总线向 J965 发送消息，J965 向 J519 输出两个 15#和一个 S 信号。J519 在接收到信号后，一方面唤醒舒适总线，进而点亮仪表，一方面送向接线端 15 供电继电器 J329，使 J329 开始工作，继而为起动继电器供电。

⑥此外，J965 向网关（数据诊断接口）J533 和发动机控制单元 J623、双离合变速器机械电子单元 J743 等动力系统单元提供 15 信号，以便唤醒整个动力总线系统。

⑦在成功完成发动机控制单元 J623 和仪表控制单元 J285 的数据比较后，防盗锁止系统将颁发起动许可指令。

⑧J623 检查变速杆是否处于 P 挡或 N 挡，是否识别到制动信号，点火开关信号传输给 J965，J965 将起动允许信号通过 T40/15 端子传至发动机控制单元 J623 的 T91/68 端子，J623 则接通起动继电器 1（J906）和起动继电器 2（J907）线圈接地回路，线圈工作、触点闭合。电源 +30 通过起动继电器 1（J906）触点进入起动继电器 2（J907）触点，再通过 SB23（30A）熔丝将电源供给起动机电磁线圈端子，起动机内部的电磁线圈工作，离合器甩出，起动机电磁继电器触点闭合，+B 进入起动机转子和定子，起动机运转，带动飞轮旋转进而起动发动机。

图 3-40 所示为大众迈腾 B8 一键起动电路图，图 3-41 为其起动控制原理图。

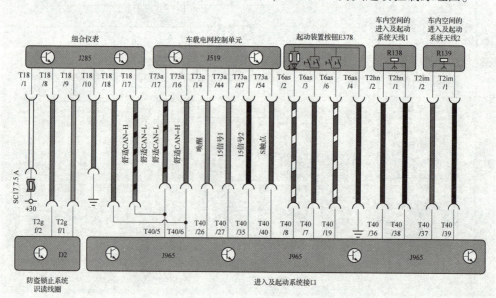

图 3-40 大众迈腾 B8 一键起动电路图

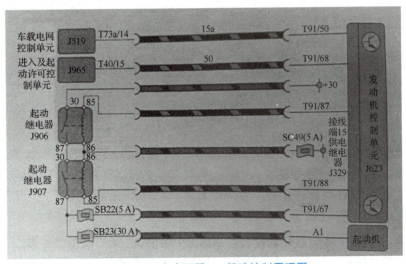

图 3-41 大众迈腾 B8 起动控制原理图

知识点三 起动机不转动故障分析

接通汽车点火开关后，起动机不转动，这种故障称为起动机不转动故障。

引起起动机不转动故障的原因很多，针对任务描述中的迈腾 B8 车型的起动机不转动故障，总结起来主要有以下几类故障原因。

（1）蓄电池故障

①蓄电池损坏。

②蓄电池严重亏电。

（2）电路故障

①控制电路局部断路故障（如起动机与蓄电池连接导线上的保险断路、供电保险断路、继电器触点烧蚀等）。

②控制电路接触不良（如点火开关起动挡接触不良、蓄电池输出电缆连接松动、插接器连接松动等）。

③控制电路局部连接错误（控制线路插接器连接错误等）。

④其他与起动机有关的控制信号丢失（如进入及起动许可控制单元 J965 信号、J519 内部的防盗锁止系统控制单元允许上 15 号电确认信号、变速器换挡杆确认信号等）。

（3）起动机本身故障

①电枢绕组或者磁场绕组断路、短路。

②电磁开关触点或线圈断路、短路故障。

③换向器严重油污或烧蚀。

④电刷磨损严重。

任务实施

一、物料和工具领取

完成表 3-9 的填写。

表 3 – 9　物料和工具清单

序号	工具/物料名称	规格型号	数量	备注

二、故障诊断与排除

①打开点火开关，按下一键起动开关，起动机不转动，发动机无法起动。

②打开发动机舱盖，检查蓄电池电压，显示 12.6 V 正常。

③起动发动机，检测蓄电池电压大于 9 V，说明蓄电池正常。

④按下一键起动开关的同时，使用万用表和继电器转换测试接头对发动机控制单元电路进行检测，发现 +B 电一直到起动继电器 2（J907）的 87 端子都正常，用万用表对 SB23 熔丝两端电压进行测试，发现一端有 +B 电压，一端电压为 0，进一步断电测电阻，发现该熔丝两端电阻无穷大。判定该故障是由 SB23 熔丝内部断路引起的。

⑤更换 SB23（30 A）保险，按一键起动开关，起动机转动，发动机正常起动，故障排除。

⑥整理工具，清洁场地。

任务评价

各组展示成果，介绍任务完成过程、制作过程视频、运行结果视频、技术文档整理情况并提交汇报材料，进行小组自评、组间互评、教师评价，完成考核评价表，见表 3 – 10。

表 3 – 10　考核评价表

序号	评价项目	评价内容	分值	自评（30%）	互评（30%）	师评（40%）	合计
1	职业素养（30 分）	分工合理，制订计划能力强，严谨认真	5				
		爱岗敬业、安全意识、责任意识、服从意识	5				
		团队合作、交流沟通、互相协作、分享能力	5				
		遵守行业规范、现场 6S 标准	5				
		主动性强，保质保量完成工作页相关任务	5				
		能采取多样化手段收集信息、解决问题	5				

序号	评价项目	评价内容	分值	自评 (30%)	互评 (30%)	师评 (40%)	合计
2	专业能力 (60分)	检查方法正确、规范	10				
		操作过程严肃认真、精益求精	10				
		程序设计合理、熟练	15				
		检查结果正确	10				
		技术文档整理完整	15				
3	创新意识 (10分)	创新性思维和行动	10				
合计			100				
评价人签名：　　　　　　　　　　时间：							

知识拓展

一、起动机空转

（1）故障现象

接通点火开关起动挡，起动机只是空转，不能带动发动机运转。

（2）诊断思路与方法

①起动机空转时，有较轻的摩擦声音，起动机驱动齿轮不能与飞轮轮齿啮合而产生空转，即驱动齿轮还没有啮合到飞轮轮齿中，电磁开关就提前接通，说明主回路的接触盘行程过短，应拆下起动机，进行起动机接通时刻的调整。

②起动机空转时，有严重的碰擦轮齿的声音，说明飞轮轮齿或起动机驱动齿轮严重磨损，应拆下起动机进一步检查，根据实际情况更换驱动齿轮或飞轮轮齿。

③起动机空转时，速度较快但无碰齿声音，说明起动机单向离合器打滑，即驱动齿轮已经啮入飞轮轮齿中，但不能带动飞轮旋转，只是起动机电枢轴在空转，应更换单向离合器总成。

二、起动机异响

（1）故障现象

起动发动机时，伴随着刺耳的异响声。

（2）故障原因

电磁开关工作不良、蓄电池亏电、机械故障等。

（3）故障诊断

起动机驱动小齿轮周期性地撞击飞轮齿环，发出"嗒嗒"声，原因可能是电磁开关的

项目三　起动系统检修

保持线圈或吸引线圈断路、短路或接触不良，蓄电池亏电。其该断方法如下：

①首先检查蓄电池是否亏电（按喇叭、开前照灯，观察喇叭音响和灯光明亮程度是否正常），若蓄电池存电良好，则为电磁开关工作不良。

②用万用表检查电磁开关的保持线圈和吸引线圈是否短路、断路或接触不良。

③起动时起动机有"扫膛"现象，故障为转子轴向间隙过大，一般为铜套磨损或损坏（解体起动机更换铜套）。

④起动时有较大的响声并且转子转动无力，一般是装配过紧或转子轴弯曲等机械故障导致。此时必须解体起动机进行检查并按规定装配。

课后练习

一、填空题

1. 起动机三个接线柱分别是＿＿＿＿＿、＿＿＿＿＿、＿＿＿＿＿，分别与＿＿＿＿、＿＿＿＿＿、＿＿＿＿＿连接。

2. 起动机异响的故障由＿＿＿＿、＿＿＿＿、＿＿＿＿等原因引起。

3. 按一下起动键，仪表亮后，踩下制动踏板再按一下起动键车辆可起动。注意自动挡的车挡位需要置于＿＿＿＿挡或者＿＿＿＿挡。手动挡的车置于＿＿＿＿挡。

4. 一键起动车辆一般容易出现的故障有＿＿＿＿、＿＿＿＿等。

二、选择题

1. 下列不属于起动机控制装置作用的是（　　）。

A. 使可动铁芯移动，带动拨叉使驱动齿轮和飞轮啮合或脱离

B. 使可动铁芯移动，带动接触盘使起动机的两个主接线柱接触或分开

C. 产生电磁力，使起动机旋转

2. 起动机空转的原因之一是（　　）。

A. 蓄电池亏电　　　　B. 单向离合器打滑　　　C. 电刷过短

3. 在判断起动机能不能运转的过程中，在车上短接电磁开关端子 30 和端子 C 时，起动机不运转，说明故障在（　　）。

A. 起动机的控制系统中

B. 起动机本身

C. 不能进行区分

4. 起动机驱动轮的啮合位置由电磁开关中的（　　）线圈的吸力保持。

A. 保持　　　　　　　　　　　B. 吸引

C. 初级　　　　　　　　　　　D. 次级

三、技能竞赛习题

以下为2019年全国职业院校技能大赛高职组汽车检测与维修赛项汽车发动机检修试题。

有迈腾 B8 客户抱怨，其车辆无法起动，服务顾问试车后确认起动机不能运转。请对故障进行维修，并完成诊断报告。

（一）故障诊断过程

1. 实施功能检查，确认故障现象，推断故障范围	得分
（1）描述与客户抱怨相关的检查结果	
（2）读取故障码，填写对该故障诊断有用的信息，不用者不填	
（3）查阅电路图，绘制控制原理图，不用者不填	
2. 根据故障现象、故障码提示结合电路分析判断可能原因	
3. 根据上述分析及测试结果，确定测试突破点	

（二）测量记录页

基于以上诊断结论，选择测量点，实施测量，确定故障范围					得分
测试对象					
测试条件			使用设备		
电路参数、尾气排放、数据流或执行元件驱动测试结果；若为波形信号，左侧画正常，右侧画异常					
测试参数					
标准描述					
测试结果					
测试结论					
分析测试结果，得出故障可能；必要时简单修复，实施验证；做下一步诊断的思路说明，不用者不填					
			与本页诊断相关的控制原理图，不用者不填		

项目四
照明与信号系统检修

为了提高汽车行驶的安全性，在汽车上装有照明和信号系统。汽车的照明与信号系统构成了汽车电气设备中一个独立电路系统。本项目主要学习汽车照明与信号系统检测与维修的内容，其目的是让学生详细了解汽车灯光照明系统、灯光信号系统的作用、结构及工作原理，让学生能正确使用工具、量具进行汽车照明与信号系统检测、维修及部件更换作业，为后续的汽车车身电控系统故障诊断与排除的学习奠定基础。培养学生的安全意识、环保意识，深入开展社会主义核心价值观宣传教育，着力培养担当民族复兴大任的时代新人。

任务一

照明与信号系统认识

任务描述

一辆丰田卡罗拉汽车年检即将到期，需要上线进行车辆检验。车主林先生将车辆送去汽车检测中心进行检验，工作人员需要全面检查车辆照明与信号系统。工作人员对车辆的灯光开关以及车灯指示灯、车灯工作情况做了详细的介绍。

学习目标

目标类型	目标要求
知识目标	了解照明、信号系统的组成
	熟悉照明、信号系统的作用
	掌握汽车灯光控制开关的原理
技能目标	能够正确开启汽车灯光
	能够说出汽车灯光行业标准
	能够正确判断灯光故障
思政目标	培养细心严谨的工作态度
	培养相互协作的团队意识
	培养安全、责任、法治意识

任务准备

将班级学生分组，3 人或 4 人为一组，由轮值安排生成组长，使每个人都有锻炼组织协调和管理能力的机会。每人都有明确的任务分工，机电维修组长 1 人，机电维修中工 1 人，机电维修学徒 1~2 人，模拟任务实施过程，培养团队合作、互帮互助精神和协同攻关能力。任务分组见表 4－1。

表 4-1 任务分组

组长		组名		指导老师	
团队成员	学号	角色指派		备注	
		机电维修组长		任务进度安排	
		机电维修中工		任务主实施	
		机电维修学徒		任务协助实施	
		机电维修学徒		任务协助实施	

任务引导

引导问题 1：你了解汽车上的哪些车灯？

引导问题 2：你能画出车灯开关电路吗？

引导问题 3：你知道汽车外部车灯的灯光颜色吗？

知识链接

知识点一　照明系统的作用与安装位置

现代汽车照明系统应当符合两个条件：一是要保证行车安全；二是应符合交通法规。汽车照明系统包括外部照明灯具和内部照明灯具。

（一）外部照明灯具

1. 前照灯

前照灯又叫作大灯，其安装在汽车头部的两侧，主要用于汽车在夜间行驶时的照明，用远近光的变换，在超车时告知前车避让。灯光为白色，有两灯制和四灯制两种配置方式，功率一般为 40~60 W。

2. 雾灯

雾灯用于在有雾、下雪、暴雨或尘埃等恶劣条件下改善道路照明和指示车辆的位置，有前雾灯和后雾灯两种。

前雾灯位置比前照灯稍低，一般距离地面 50 cm 左右，安装于车头部，灯光为黄色，功率为 45 W。

后雾灯装于车尾，用来警示尾随车辆保持一定的安全距离，灯光为红色，功率为 6 W 或 21 W。

3. 牌照灯

牌照灯装于汽车尾部的牌照上方，用于夜间照亮汽车尾部的车牌。牌照灯光束不外射，保证在 25 m 远能认清牌照上的号码即可。灯光为白色，功率为 5～15 W。

4. 小灯

小灯又称驻车灯、示廓灯，其作用是汽车夜间行车或停车时，标示其示廓或存在。车头小灯为白色，车尾小灯为红色，功率为 5～10 W。

(二) 内部照明灯具

常见的内部照明灯具包括仪表盘照明灯、仪表报警灯及指示灯、阅读灯、门灯、顶灯及行李舱灯等。

1. 仪表盘照明灯

仪表盘照明灯安装于汽车的仪表盘上，用于夜间照亮仪表指针及刻度盘。灯光为白色，功率为 2～8 W。有些车辆还加装了灯光控制变阻器，使驾驶员能根据自己的需要调整仪表灯的亮度。

2. 仪表报警灯及指示灯

仪表报警灯及指示灯安装于仪表盘上，其作用是监测汽车各系统的技术状况，当某一系统出现异常情况时，对应的警告灯亮，提醒驾驶人该系统出现故障。灯光为红色、绿色或黄色，功率为 2 W。常见的仪表报警灯有机油警告灯、发动机故障警告灯、充电指示灯、冷却液温度警告灯等。

3. 阅读灯

车内阅读灯是指安装在汽车内部，安装在驾驶座顶和后座中间顶部，便于车内阅读用的灯。一般有卤素阅读灯和 LED 阅读灯两种。卤素阅读灯价格低但是容易破裂，使用寿命短。目前车内阅读灯多采用 LED 阅读灯，安全无污染，使用寿命长。

4. 门灯

门灯装于轿车外张式车门内侧底部，夜间开启车门时，门灯发亮，以告示后来行人、车辆注意避让。灯光为红色，功率为 5 W。

5. 顶灯

顶灯安装于驾驶室的顶部，其作用是用于驾驶室内部照明及监视车门是否可靠关闭，灯光为白色，功率为 5～15 W。

6. 行李舱灯

行李舱灯安装于轿车或客车行李舱内，当开启行李舱门时，自动发亮，照亮行李舱内部，灯光为白色，功率为 5 W。

你能总结汽车照明灯的种类、特点和用途吗？试着填一填表 4 – 2。

表 4–2　汽车照明灯的种类、特点及用途

种类	外部照明灯			内部照明灯		
	前照灯	示廓灯	牌照灯	阅读灯	仪表灯	行李舱灯
工作时特点						
用途						

知识点二　信号系统的作用与安装位置

汽车信号系统是指能对车辆之外的其他车辆、人或动物进行提醒和警示的电气系统，其主要目的是为了自身及他人的安全。汽车信号系统包括转向灯、危险警告灯、警示灯、示宽灯、倒车灯、驻车灯、制动灯、电喇叭等。

1. 转向灯

转向灯安装在车辆的前部、尾部以及左右两侧，用于表明该车正在转弯或改换车道。转向信号灯每分钟闪烁 60 ~ 120 次。灯光为黄色，功率为 20 W 以上。

2. 危险警告灯

车辆在紧急停车或临时驻车时，所有转向信号灯同时闪烁，即为危险警告灯信号，给前后左右的车辆显示该车的位置。

3. 警示灯

警示灯一般安装于车辆顶部，用来标示车辆特殊类型。消防车、警车灯光为红色，救护车灯光为蓝色。功率为 40 ~ 45 W。

4. 示宽灯

示宽灯又称示位灯、位置灯，安装于汽车前部、尾部和侧面，用于夜间给其他车辆指示车辆的位置与宽度，功率一般为 5 ~ 10 W。前示宽灯俗称小灯，灯光为白色或黄色；后示位灯俗称尾灯，灯光为红色，侧示位灯灯光为琥珀色。

5. 倒车灯

倒车灯安装于车辆的尾部，方便夜间倒车时看清车辆后面的路面，同时也向其他的车辆和行人发出倒车信号。点火开关在接通状态时，只要变速器换至倒车挡时，倒车灯就点亮。灯光为白色，功率为 20 W。

6. 驻车灯

驻车灯安装于车头和车尾两侧，用于标示车辆形状和位置，警示车辆和行人注意避让，以防碰撞。车头驻车灯灯光为白色，车尾驻车灯灯光为红色，功率为 3 W。

7. 制动灯

制动灯安装在车辆的尾部，又叫刹车灯。在汽车刹车或制动减速时，发出灯光信号，以警告尾随在后面的车辆及行人，防止追尾事故发生。灯光为红色，功率一般在 20 W 以上。国家标准要求制动灯在夜间应明显照亮 100 m 以上距离。

8. 电喇叭

电喇叭是汽车上广泛应用的一种喇叭。在汽车行驶过程中，驾驶员根据需要和规定发出必需的音响信号，警告行人和引起其他车辆注意，保证交通安全，同时还用于催行和传递信号。

你能总结汽车信号装置的种类、特点和用途吗？试着填一填表4-3。

表4-3　汽车信号装置的种类、特点及用途

种类	转向灯	倒车灯	制动灯
工作时特点			
用途			

知识点三　汽车照明与信号系统的基本要求

①照明与信号装置安装可靠，开关安装位置便于操作。

②除前照灯远光外，其他灯光不得炫目。

③小灯、尾灯、牌照灯和仪表照明灯应同时打开或关闭，不能经过点火开关控制，发动机熄火后仍能点亮。

④危险警告灯电路不能经过点火开关或其他开关控制。

⑤制动灯电路不能经过点火开关或其他开关控制。

⑥转向灯或危险警告灯点亮时，应能在100 m范围内可以看到。

⑦前照灯和尾灯在夜间天气良好的情况下，能在100 m之内看到。

⑧倒车灯电路要经过点火开关控制，防止因忘记摘下倒挡而使倒车灯长亮。

任务实施

灯光操作手势

1. 物料和工具领取

完成表4-4的填写。

表4-4　物料和工具清单

序号	工具/物料名称	规格型号	数量	备注

2. 对灯光系统进行检查

对灯光系统进行检查，完成表4-5。

表 4 - 5 灯具检查情况

序号	灯具	检查情况	备注

任务评价

各组展示成果，介绍任务完成过程、制作过程视频、运行结果视频、技术文档整理情况并提交汇报材料，进行小组自评、组间互评、教师评价，并完成考核评价表，见表 4 - 6。

表 4 - 6 考核评价表

序号	评价项目	评价内容	分值	自评 (30%)	互评 (30%)	师评 (40%)	合计
1	职业素养 (30分)	分工合理、制订计划能力强、严谨认真	5				
		爱岗敬业、安全意识、责任意识、服从意识	5				
		团队合作、交流沟通、互相协作、分享能力	5				
		遵守行业规范、现场 6S 标准	5				
		主动性强，保质保量完成工作页相关任务	5				
		能采取多样化手段收集信息、解决问题	5				
2	专业能力 (60分)	检查方法正确、规范	10				
		操作过程严肃认真、精益求精	10				
		程序设计合理、熟练	15				
		检查结果正确	10				
		技术文档整理完整	15				
3	创新意识 (10分)	创新性思维和行动	10				
合计			100				

知识拓展

汽车灯光标志是指打开汽车灯光时所显示汽车灯光的使用状态，在考驾驶证的时候灯光的使用是必考项目，车型不同汽车灯光开关的布置位置也有所不同，但汽车灯光标志是一样的，常见的汽车灯光的图标含义见表4-7。

表4-7 常见汽车灯光图标含义

手刹指示灯	刹车盘指示灯	水温指示灯	燃油指示灯
机油指示灯	ABS指示灯	清洗液指示灯	雾灯指示灯
远光指示灯	近光指示灯	示宽指示灯	电瓶指示灯
气囊指示灯	发动机自检灯	车门指示灯	电子油门灯
转向指示灯	安全带指示灯	内循环指示灯	VSC指示灯

课后练习

课程思政故事

一、单选题

1. 汽车照明系统可分为车外照明系统和车内照明系统，以下不属于车外照明系统的是（   ）。

A. 前雾灯　　　　　B. 牌照灯　　　　　C. 前照灯　　　　　D. 阅读灯

2. 以下不属于示廓灯开关控制的是（　　　）。

A. 前雾灯　　　　　　B. 前照灯　　　　　　C. 制动灯　　　　　　D. 牌照灯

3. 以下灯光的光色不是红色的是（　　　）。

A. 示位灯　　　　　　B. 尾灯　　　　　　C. 制动灯　　　　　　D. 后雾灯

二、填空题

1. 照明系统中所有灯都不亮，其常见原因是_____。

2. 当车辆遇到危险时，可将危险警告灯打开，使_____同时闪烁。

3. 汽车前雾灯一般采用_____型卤素灯泡。

三、简答题

1. 汽车照明系统由哪几部分组成？各有何作用？

2. 汽车照明系统常见的故障及原因有哪些？

3. 高亮度氙气大灯有哪些特点？

四、赛证练习

准备"1+X"职业技能领域职业技能等级标准考核用车1辆，并备齐考核用的相关工具、设备后，进行以下技能等级考核试题的练习。

一、车辆信息记录

品牌		整车型号		生产日期	
发动机型号		发动机排量		行驶里程	
车辆识别码					

二、查询维修手册，记录倒车灯针脚信息及线束颜色/导线编码

元件名称	针脚	线束颜色/导线编码	线束说明
倒车灯			☐信号线　☐接地线　☐供电线
			☐信号线　☐接地线　☐供电线
			☐信号线　☐接地线　☐供电线
			☐信号线　☐接地线　☐供电线
			☐信号线　☐接地线　☐供电线
			☐信号线　☐接地线　☐供电线

任务二
前照灯的检修

任务描述

前照灯能为车辆提供夜间的路况照明，保证车辆行驶的安全性。客户的丰田卡罗拉车辆在夜间行驶时，打开近光灯，发现近光灯不亮，因此到4S店进行维修。老师引导学生按汽修厂前照灯的维修过程进行诊断和排除故障，在完成任务的过程中掌握前照灯故障的诊断检查技能，以及相关的理论知识。

学习目标

目标类型	目标要求
知识目标	了解前照灯的组成
	熟悉前照灯的工作原理
	掌握前照灯的故障检修方法
技能目标	能够识读前照灯电路
	能够分析前照灯控制原理
	能够设计正确的维修方案
思政目标	培养自主学习的能力和团队意识
	培养爱岗敬业的职业素养
	培养细心严谨的工作作风

任务准备

将班级学生分组，3人或4人为一组，由轮值安排生成组长，使每个人都有锻炼组织协调和管理能力的机会。每人都有明确的任务分工，机电维修组长1人，机电维修中工1人，机电维修学徒1~2人，模拟任务实施过程，培养团队合作、互帮互助精神和协同攻关能力。任务分组见表4-8。

表4-8　任务分组

组长		组名		指导老师	
团队成员	学号	角色指派		备注	
		机电维修组长		任务进度安排	
		机电维修中工		任务主实施	
		机电维修学徒		任务协助实施	
		机电维修学徒		任务协助实施	

任务引导

引导问题1：你知道国家对汽车前大灯的亮度标准要求吗？

引导问题2：你能正确开启汽车前大灯吗？

引导问题3：你了解近光灯、远光灯的功率范围吗？

知识链接

知识点一　前照灯的结构

汽车前大灯介绍

前照灯俗称"大灯"，装在汽车头部两侧，用来照明车前道路，有两灯制和四灯制之分。四灯制前照灯并排安装时，装于外侧的一对应为近、远光双光束灯；装于内侧的一对应为远光单光束灯。远光灯功率一般为40~60 W，近光灯功率一般为35~55 W。

（1）前照灯要求

汽车前照灯的照明效果对夜间行车安全影响最大，世界各国多以法律的形式规定了前照灯的照明标准。

①夜间照明时，前照灯必须保证车前100 m以上路面有明亮而均匀的光照（车速在40 km/h时，前照灯的照明可使驾驶员能明辨车前100 m以内的路面情况）。随着现代汽车行驶速度的不断提高，对前照灯的要求也越来越高，现代汽车的大灯照明距离应达到200~250 m。

②前照灯应具有防炫目装置，以避免夜间两车交会时，使对面汽车驾驶员炫目而引发交通事故。

（2）前照灯组成

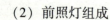

前照灯主要由灯泡、反射镜、配光镜、壳体、后盖和调整螺钉等部分组成，如图 4 – 1 所示。

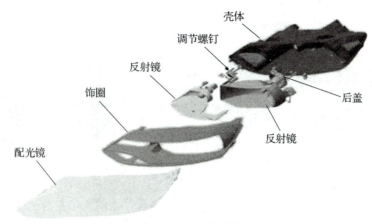

图 4 – 1　前照灯结构

1）灯泡

目前汽车前照灯灯泡有白炽灯、卤素灯、氙气灯和 LED 灯四种，汽车前照灯采用双丝灯泡，分别称作远光灯丝和近光灯丝。

①白炽灯泡。由于钨丝在使用时有蒸发损耗，会缩短灯泡的使用寿命，为延长其寿命，在制造时都是将玻璃泡中的空气抽出，然后充入其他气体。若充入玻璃泡中的气体为惰性气体，即为白炽灯泡，如图 4 – 2 所示。

白炽灯泡亮度低、能耗大、使用寿命短，现在应用较少。

②卤素灯泡。目前汽车前照灯多采用卤素灯泡，在灯泡内的惰性气体中掺入碘、氟等某种卤族元素气体，防止钨的蒸发和灯泡的黑化。

卤素灯泡尺寸较小，壳体用耐高温、机械强度较高的石英玻璃制作而成。在相同功率情况下，卤素灯的亮度是白炽灯的 1.5 倍，而寿命是白炽灯的 2~3 倍。卤素灯泡的外形与结构如图 4 – 3 所示。

图 4 – 2　白炽灯泡

图 4 – 3　卤素灯泡

③高压放电氙气大灯（HID）。为了减轻汽车蓄电池的负荷，延长蓄电池的使用寿命，更主要的是提高汽车照明质量，减轻驾驶人的视觉疲劳，保证行车安全，在部分高档汽车上已安装高压放电氙气大灯。

高压放电氙气大灯简称氙气灯，主要由氙气灯泡、升压镇流器、电子控制器三部分组成，如图4-4所示。

升压镇流器　　控制器

氙气灯泡

图4-4　氙气灯

氙气灯发出的光色和日光灯非常相似，亮度是卤素灯泡的3倍左右，使用寿命是卤素灯泡的5倍。氙气灯泡里没有灯丝，取而代之的是两个电极和充满惰性气体的氙气及微量金属元素。

当前照灯电路接通时，电子控制器使升压镇流器瞬间产生23 kV的高压电，高压电在氙气灯两电极间放电，激活灯泡的氙气形成电弧光，氙气灯正常点亮后，升压镇流器电压降到80 V保持恒压供电。氙气灯泡的功率一般在35～55 W。氙气灯具有以下优点：

a. 亮度高。一般55 W卤素灯只能产生1 000 lm的光，而35 W的HID能产生3 200 lm的光。

b. 寿命长。无钨丝，寿命长，一组HID的气体放电时间大约为3 000 h。

c. 耗电少。HID的功率一般只有35 W，而普通车灯的功率一般为55 W。

因此鉴于氙气大灯亮度高、功率小、寿命长、节能、环保的优点，将来会在更多的车辆上安装和使用。

④LED灯。LED是一种电致发光器件，利用固体半导体芯片作为发光材料，通过载流子发生复合引起光子发射而直接发光。LED灯由发光二极管组成，主要优点是寿命长、节能环保、亮度高、体积小。缺点是成本高、照明亮度小，不适用于大面积照明。随着LED技术的不断成熟，它将是未来照明信号系统的主要替代品。LED灯如图4-5所示。

你能总结出白炽灯、卤素灯、氙气灯和LED四类灯的特点吗？试着填一填表4-9。

图4-5　LED灯

表4-9　白炽灯、卤素灯、氙气灯和LED灯的优缺点

种类	白炽灯	卤素灯	氙气灯	LED灯
优点				
缺点				

2）反射镜

反射镜的作用是最大限度地将灯泡发出的光线聚合成强光束，以增加照射距离，它将灯泡发出的光线聚合成平行光反射向前方。灯丝位于反射镜的焦点处，其大部分光线经反射后成为平行光束射向远方，其距离可达 150 m 或更远，如图 4-6 所示。

反射镜一般呈抛物面状，内表面镀铬、铝或银，然后抛光，目前多采用真空镀铝，镀铝的反射系数可以达到 94% 以上，机械强度高，使用前景比较广阔。

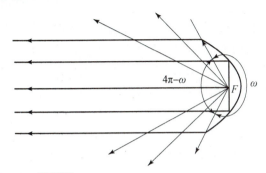

图 4-6 反射镜

前照灯灯丝功率仅 40～100 W，自身发出的亮度有限。若无反射镜，只能照亮汽车前方 6～10 m 的范围，加装反射镜之后，可使照明亮度增强数百倍，能够照亮前方 50～200 m 以上的路面。

3）配光镜

配光镜又称为散光玻璃，装于反射镜之前，可将反射镜反射出的光束进行折射，使车前路面有良好而均匀的光照，同时也是灯的外罩，它是由透明玻璃压制而成的棱镜和透镜的组合体，如图 4-7 所示。

图 4-7 配光镜

（3）前照灯的防炫目措施

夜间会车时，强光束会导致迎面车辆的驾驶人炫目而发生交通事故。所谓"炫目"是指人的眼睛突然被强光照射时，由于视神经受刺激而失去对眼睛的控制，本能地闭上眼睛，或只能看到亮光而看不见暗处物体的生理现象。

为了避免此类事情的发生，汽车前照灯必须具有良好的防炫目装置，从而保证夜间行车安全。一般在汽车上都采用双丝灯泡的前照灯，可以通过变光开关切换远光和近光。我国交通法规规定，夜间会车时，需在距对面来车 150 m 以外关闭远光灯，改用防炫目近光灯。

国内外生产的双丝灯泡的前照灯，按近光的配光方式可分为对称形配光和非对称形配光。

1）对称形配光

双丝灯泡的远光灯丝功率为 40～100 W，位于反射镜的焦点位置，射出的光线远而亮；近光灯丝的功率为 30～90 W，位于反射镜焦点的上方并稍向右偏斜，由于其光线弱，且经反射镜反射后大部分向下倾斜，从而减少了对迎面来车驾驶人的炫目作用。对称形配光如图 4-8 所示。

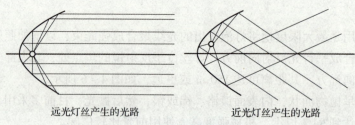

远光灯丝产生的光路　　　　　　　近光灯丝产生的光路

图 4 - 8　对称形配光

这样在夜间行车时，当对面无来车时，可使用远光灯，能照亮车前方 150 m 距离的路面；当对面来车时，则使用近光灯，由于近光灯光线较弱，且灯丝不在焦点上，经反射后的光线大部分射向车前的下方，所以可避免对方驾驶员炫目。

2）非对称形配光（见图 4 - 9）

近光灯丝位于焦点前方，照亮前方 50 m 左右，其灯丝下方装有金属遮光罩，近光灯丝射向反射镜上部的光线，经反射后倾向路面，而配光屏挡住了灯丝射向反射镜下半部的光线，没有向上反射的光线，所以起到了防炫目的作用。远光灯丝位于反射镜的焦点处，照亮前方 200 m 左右，远光灯不具有防炫目。国产汽车前照灯一般采用非对称配光方式。

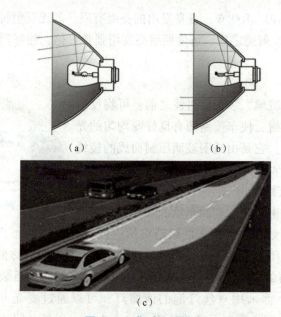

（a）　　　　　　　　　（b）

（c）

图 4 - 9　非对称形配光

（a）近光灯；（b）远光灯；（c）夜间照明情况

查一查国家标准对汽车前照灯远光光束的发光强度要求，试着填一填表 4 - 10。

表 4 - 10　前照灯远光光束发光强度要求　　　　　　　　　　　cd

车辆类型	新注册机动车		在用机动车	
	两灯制	四灯制	两灯制	四灯制
汽车、无轨电车				
四轮农用运输车				

（4）前照灯的分类

1）可拆式前照灯

这是最早使用的前照灯，其反射镜边缘的齿簧与配光镜组合，再用箍圈和螺钉安装在灯壳上，灯泡的装拆必须将全部光学组件取出后才能进行。可拆式前照灯的密封性很差，反射镜易受外界环境气候的影响而污染变黑，严重降低照明效果，目前已很少使用。

2）半封闭式前照灯

半封闭式前照灯的结构如图4-10所示，配光镜是靠卷曲反射镜边沿的牙齿而紧固在反射镜上，两者之间垫有橡胶密封圈，其灯泡的拆卸只能从反射镜的后方进行。半封闭式前照灯的内部灯泡可以单独更换。若半封闭式前照灯的配光镜损坏，则需更换整个前照灯。更换时，先拔下灯泡上的插座，取下密封罩、卡簧，即可取下灯泡。

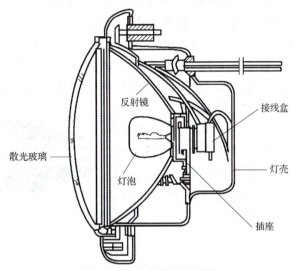

图4-10 半封闭式前照灯

3）全封闭式前照灯

全封闭式前照灯又称为真空灯，它的反射镜和配光镜制成一体，形成灯泡（见图4-11），内充以惰性气体，灯丝焊在反射镜底座上。反射镜的镜片为真空镀铝。

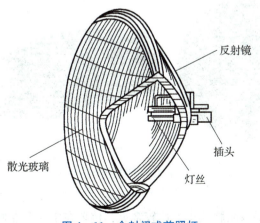

图4-11 全封闭式前照灯

全封闭式前照灯结构的优点是可以完全避免反射镜受到污染，但是，当灯丝烧坏后，需要更换前照灯总成，成本较高。为使前照灯更亮、照射更远、外形更美观，在现代轿车上出现了投射式前照灯和高亮度弧光灯。

4）投射式前照灯

投射式前照灯采用卤素灯泡，它的反射镜近似于椭圆形状，有两个焦点。在第一焦点处放置灯泡，第二焦点在灯光中形成。凸形配光镜的焦点与第二焦点是一致的。来自灯泡的光利用反射镜聚成第二焦点，再通过散光镜将聚集的光投射到前方。

在第二焦点附近设有遮光板，可遮挡向上的光线，形成明暗分明的配光。由于这种配光特性，因此投射式前照灯除了用作近光灯、远光灯外，还可用作雾灯。

5）氙气灯

氙气灯也称高亮度弧光灯，这种灯没有传统的灯丝，取而代之的是装在石英管内的两个电极，管内充有氙气及微量金属（或金属卤化物），其发光的颜色与日光灯相近，灯泡点燃到正常工作温度后，维持电弧放电的功率仅为 35 W，所以可节约 40% 的电能。

氙气灯与卤素灯的主要区别在于，前者通过气体电离发光，后者通过加热钨丝发光。虽然氙气灯的发光电弧与卤素灯的钨丝长度直径一样，但发光效率和亮度提高了 2 倍。由于不用灯丝，没有了传统灯丝易脆断的缺陷，使用寿命也延长了 4 倍。据测试，一个 35 W 的氙气灯光源可产生 55 W 卤素灯 2 倍的光通量，使用寿命与汽车接近。因此，安装氙气灯不但可以减少电能消耗，还相应提高了车辆的性能，这对于轿车而言具有很重要的意义。图 4 – 12 为氙气大灯实物。

图 4 – 12　氙气大灯

知识点二　前照灯电路分析

前照灯电路主要由灯光开关、变光开关、前照灯继电器和前照灯组成。

（1）灯光开关

目前市场上在售车型中，汽车灯光开关主要有两种形式，即旋钮式和拨杆式，属于组合式开关，如图 4 – 13 所示。

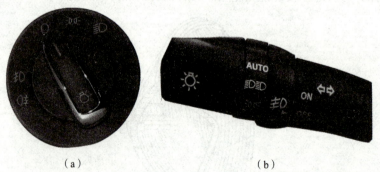

（a）　　　　　　　　　　（b）

图 4 – 13　大灯组合开关

（a）旋钮式；（b）拨杆式

旋钮式灯光开关在德系品牌汽车上比较常见，位置在中控台左侧出风口下方，开启车灯时需要将旋钮往顺时针方向拧。

拨杆式开关主要应用于除德系车外的其他汽车品牌的车灯开关中，集成在方向盘左侧的拨杆式开关上，开启车灯时，需要将拨杆外侧旋钮往逆时针方向拧。

（2）变光开关

变光开关是指前照灯的远、近光切换开关，如图4-14所示。车辆在夜间会车时，驾驶人通过变光开关将远光灯变成近光灯，以防止对面驾驶人炫目。目前车辆上多采用组合式变光开关，和拨杆式灯光开关集成在一起，通过拨杆向外推和拉回来实现远近光的切换，同时在原始位置向内拉回也可以让远光灯亮，松手后熄灭，这样可以实现远光灯的点动控制，以向前车发出超车或优先通过信号。

（3）前照灯继电器

前照灯在工作时电流较大，特别是四灯制的汽车在远光灯开启时电流能达到15 A左右，如果用车灯开关来直接控制前照灯，则车灯开关极易烧坏，因此在前照灯电路中设有灯光继电器。它有4个引脚，属于常开式继电器，如图4-15所示。

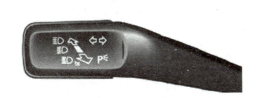

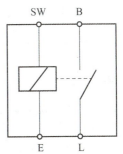

图4-14　变光开关　　　　　　图4-15　前照灯继电器

图4-15中，SW端子与前照灯开关相连，E端子搭铁，B端子与电源相连，L端子与变光开关相连。当接通前照灯开关时，继电器线圈通电，电磁铁产生吸力，使衔铁带动动触点与静触点接触，实现灯光电路的通电；当关闭前照灯开关时，继电器线圈电流被切断，电磁吸力消失，衔铁在复位弹簧的作用下迅速回位，动、静触点分开。利用继电器触点的断、合，实现对灯光电路的控制。

（4）前照灯电路

如图4-16为卡罗拉轿车前照灯电路。

当车灯开关（E60）置于前照灯挡（Head挡）时，若变光开关在近光挡（Low挡），变光开关（Dimmer switch）内的端子HL与H导通，通过车灯开关中Head挡位的H与E端子使前照灯继电器电磁线圈搭铁而产生磁场，前照灯继电器的触点闭合，近光灯亮。

若变光开关置于远光挡（High挡），变光开关（Dimmer switch）内的HL、HU与H端子导通，通过车灯开关中Head挡位的H与E端子使前照灯继电器与变光继电器的电磁线圈搭铁而产生磁场，前照灯继电器与变光继电器的触点闭合，远光灯与近光灯同时亮。

若变光开关置于超车挡（Flash挡），变光开关（Dimmer switch）内的HL、HU、ED端子相导通且由E端子直接搭铁，使前照灯继电器、变光继电器同时闭合，近光灯与远光灯同时亮。

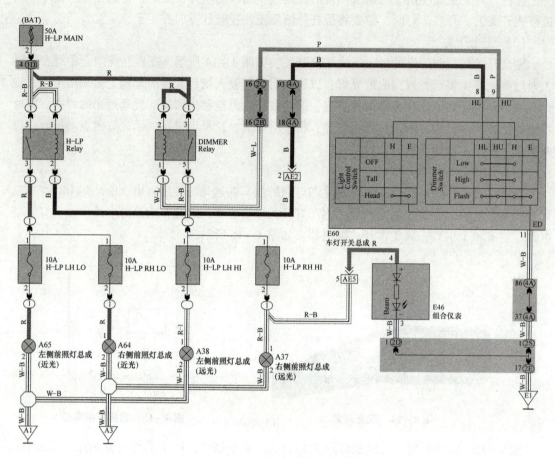

图 4-16　卡罗拉轿车前照灯电路图

任务实施

1. 物料和工具领取

完成表 4-11 的填写。

汽车前大灯排故

表 4-11　物料和工具清单

序号	工具/物料名称	规格型号	数量	备注

2. 故障检查

对卡罗拉轿车前照灯不亮进行故障检查，将操作步骤填写完整，完成表 4-12。

表 4 – 12　故障检查记录

步骤	项目	检测对象	检测方法	注意事项
1	安全防护与工作准备	铺设三件套		检查车辆是否熄火
		铺设翼子板，简单清洁发动机舱		结束后切断电源
		蓄电池		
2	大灯开关电路检测	供电熔断器		尽量不拔直接检测
		开关本身		
3	大灯灯泡检查	灯泡本身		
		供电熔断器		
		搭铁		注意观察连接情况
4	大灯继电器	继电器本身		
		继电器控制电路		
		继电器供电电路		
5	变光开关	变光开关本身		
		供电熔断器		
6	点火开关	点火开关本身		
		供电熔断器		

3. 填写实施记录

在表 4 – 13 中填写实施记录。

表 4 – 13　实施记录

序号	项目	检查结果		备注
1	测量蓄电池电压	电压值 _____ V		
2	检查大灯灯泡供电主保险	正常□	熔断□	
3	检查前照灯继电器搭铁端子 E1	接触良好□	接触不良□	
4	检查大灯灯泡 A65、A64	正常□	损坏□	
5	检查变光开关 E60 的 HU 端子与 ED 端子导通情况	正常□	损坏□	
6	检查大灯开关 E60 的 H 端子与 E 端子导通情况	正常□	损坏□	
7	检查近光灯保险丝	正常□	熔断□	

序号	项目	检查结果	备注
8	检查前照灯继电器	正常□　　损坏□	
9	检测前照灯 A65 端子电压	电压值_____ V	
10	检查前照灯搭铁端子 A1、A3	接触良好□　　接触不良□	

任务评价

根据本组的团体表现及个人表现，填写考核评价表 4 – 14。

表 4 – 14　考核评价表

序号	评价项目	评价内容	分值	自评（30%）	互评（30%）	师评（40%）	合计
1	职业素养（30 分）	分工合理、制订计划能力强、严谨认真	5				
		爱岗敬业、安全意识、责任意识、服从意识	5				
		团队合作、交流沟通、互相协作、分享能力	5				
		遵守行业规范、现场 6S 标准	5				
		主动性强，保质保量完成工作页相关任务	5				
		能采取多样化手段收集信息、解决问题	5				
2	专业能力（60 分）	检查方法正确、规范	10				
		操作过程严肃认真、精益求精	10				
		程序设计合理、熟练	15				
		检查结果正确	10				
		技术文档整理完整	15				
3	创新意识（10 分）	创新性思维和行动	10				
合计			100				

知识拓展

智能大灯是一种智能前照灯光系统。它能够在暴雨或暴风雪的天气下提高能见度，帮助司机安全回家。其能数字化地删除拍摄图像中的雨雪条纹，直接改善司机的能见度，会应对不同类型的降水或降雪，并保持90%以上的光吞吐量。

智能大灯使用方法：只要将组合灯开关拧至 auto 挡，智能大灯功能便启动，当夜间开车或进入隧道时，大灯会自动亮起来。不过要记得，智能大灯不会调远近光。因为智能大灯只是靠阳光传感器来判断周围环境亮度，并不能实时分析周围环境状况的变化来选择远近光。如果想智能大灯控制远光灯，则要把组合灯开关往前拨到远光灯位置，然后把旋钮拧至 auto 位置，那么远光灯就能自动开启。

课后练习

课程思政故事

一、单选题

1. 远光灯的功率一般为（　　　）。

A. 20~30 W
B. 30~40 W
C. 40~50 W
D. 45~60 W

2. 近光灯的功率一般为（　　　）。

A. 20~30 W
B. 30~40 W
C. 45~55 W
D. 45~60 W

3. 下列选项中不属于灯光组合开关的是（　　　）。

A. 变光开关
B. 危险警告灯开关
C. 灯光开关
D. 超车灯开关

二、填空题

1. 前照灯的远光灯灯丝必须位于反射镜的＿＿＿＿＿。
2. 前照灯的近光灯灯丝必须位于反射镜的＿＿＿＿＿。
3. 汽车前照灯远光应在车前＿＿＿＿＿ m 路面上得到明亮而均匀的照明。

三、简答题

1. 汽车前照灯由哪些部件组成？
2. 什么是智能大灯？有什么特点？
3. 汽车前大灯的防炫目措施有哪些？

四、赛证练习

准备"1+X"职业技能领域职业技能等级标准考核用车1辆，并备齐考核用的相关工具、设备后，进行以下技能等级考核试题的练习。

一、车辆信息记录					
品牌		整车型号		生产日期	
发动机型号		发动机排量		行驶里程	
车辆识别码					

项目四　照明与信号系统检修

二、检测近光灯，找出导致灯泡不亮的故障元件，记录故障元件相关信息，进行故障原因说明				
近光灯系统相关电路图位置				记录所查询的电路图在维修手册中的位置
故障元件名称	故障元件编号	针脚编号	针脚线束颜色	故障分析
				故障位置：灯泡□　电路线束□ 继电器□　保险丝□　组合开关□ 其他□ 故障原因说明：

任务描述

客户林女士的卡罗拉轿车在行驶时出现左前侧转向灯不亮的故障，影响车辆行驶安全，需要进行维修。林女士将车开到4S店维修服务中心进行维修。维修技师需要按维修操作流程对车辆转向电路进行分析和诊断，找到故障原因，使用检测仪器进行检测以找到故障位置，制订维修方案，排除故障。

学习目标

目标类型	目标要求
知识目标	了解转向灯及危险警告灯的组成
	熟悉转向灯的工作原理
	掌握转向灯及危险警告灯的故障检修方法
技能目标	能够识读转向灯电路
	能够分析转向灯控制原理
	能够设计正确的维修方案
思政目标	培养自主学习的能力和团队意识
	培养爱岗敬业的职业素养
	培养细心严谨的工作作风

任务准备

将班级学生分组，3人或4人为一组，由轮值安排生成组长，使每个人都有锻炼组织协调和管理能力的机会。每人都有明确的任务分工，机电维修组长1人，机电维修中工1人，机电维修学徒1~2人，模拟任务实施过程，培养团队合作、互帮互助精神和协同攻关能力。任务分组见表4－15。

表 4 – 15　任务分组

组长		组名		指导老师	
团队成员	学号	角色指派			备注
		机电维修组长			任务进度安排
		机电维修中工			任务主实施
		机电维修学徒			任务协助实施
		机电维修学徒			任务协助实施

任务引导

引导问题 1：你知道决定转向灯的闪烁部件是什么吗？

引导问题 2：你了解汽车转向灯的颜色吗？

引导问题 3：你知道汽车转向灯和危险警告灯之间的联系吗？

知识链接

汽车转向灯介绍

知识点一　转向灯的作用及控制电路

转向灯是车辆行驶过程中必不可少的信号指示灯，车辆转向时在闪光器（一种使信号灯和指示灯闪烁发光的装置）的控制下，向其他车辆和行人发出明暗交替的闪烁信号，指示汽车向左或向右的行驶方向。转向灯控制电路主要由转向灯开关、闪光继电器、转向灯及转向指示灯等组成。

1. 转向灯开关

转向灯开关集成在方向盘左侧的拨杆式开关上（见图 4 – 17），向上抬是右转向灯开启，往下拨是左转向灯开启。转向完成后，回正转向盘时，转向灯开关在转向盘带动下自动回位。

2. 转向指示灯

转向指示灯用于显示车辆转向灯状态，位于仪表盘上，绿色箭头形状（见图 4 – 18），通常为熄灭状态。当车主点亮

图 4 – 17　转向灯开关

转向灯时，该指示灯会同时点亮相应方向的转向指示灯闪烁，转向灯熄灭后，该指示灯自动熄灭。

3. 转向灯

转向灯用以显示车辆行驶方向。前转向灯为橙色，后转向灯为橙色或红色。转向灯的闪光频率由国标规定为 60～120 次/min，亮暗时间比（通电率）在 3∶2 时为佳，转向灯由转向开关控制，其闪光频率由闪光继电器控制。

图 4 - 18　转向指示灯

图 4 - 18　转向指示灯

4. 危险警告灯

危险警告灯是用于车辆发生特殊情况时提醒其他车辆与行人的信号灯，如图 4 - 19 所示。与转向灯共用灯泡，因此危险警告灯开启时所有的转向灯同时亮起。

图 4 - 19　危险警告灯

5. 闪光继电器

闪光继电器也称闪光器（见图 4 - 20），其作用是产生断续电流，供给转向信号灯，使闪光灯发出一明一暗的信号灯光，指示车辆运行的方向。

闪光继电器按其结构及工作原理分有电热式、电容式和电子式三类，其中电热式有直热翼片式和旁热翼片式两类；电子式有晶体管式和集成电路式两类。电热式闪光器结构简单，成本低，但闪光频率不

图 4 - 20　闪光继电器

够稳定，使用寿命短，已被淘汰。而电容式闪光器、电子式闪光器具有闪光频率稳定、性能稳定、可靠等优点，故被广泛应用。

（1）旁热翼片式闪光器

旁热翼片式闪光器是利用电流的热效应，使热胀条通电时热胀、断电时冷缩，通过翼片产生变形动作来控制触点的开闭。其结构如图 4 - 21 所示。

接通转向灯开关时，转向信号灯的电路为：蓄电池正极→接线柱 B→电阻丝→接线柱 L→转向灯开关→转向信号灯→搭铁→蓄电池负极。由于电阻丝的电阻较大，电路中的电流较小，故转向信号灯是暗的。电阻丝通电产生的热量使热胀条受热伸长，翼片便在自身弹力的作用下伸直而使动触点闭合。这时转向信号灯电路的电流为：蓄电池正极→接线柱 B→翼片→动触点、静触点→接线柱 L→转向灯开关→转向信号灯→搭铁→蓄电池负极。电阻丝被触点短路，电流增大，转向信号灯变亮。同时，由于电阻丝被短路，热胀条逐渐冷却收缩，拉紧翼片，使触点再次打开，灯变暗，周而复始，使转向信号灯闪烁。

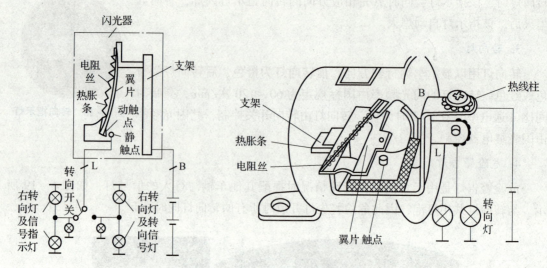

图 4-21　旁热翼片式闪光器

（2）电容式闪光器

电容式闪光器结构原理图如图 4-22 所示，主要由触点、弹簧片、串联线圈、并联线圈、灭弧电阻、铁芯以及电解电容器组成。

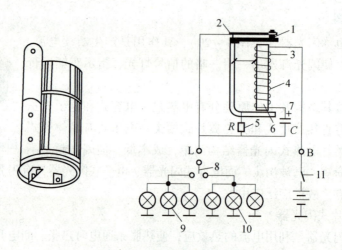

图 4-22　电容式闪光器电路

1—触点；2—弹簧片；3—串联线圈；4—并联线圈；5—灭弧电阻；6—铁芯；
7—电解电容器；8—转向灯开关；9—左转向信号灯；10—右转向信号灯；11—点火开关

电容式闪光器的工作原理：汽车转向时，接通转向灯开关，电流经蓄电池"＋"极→点火开关→闪光器接线柱 B→串联线圈 3→常闭触点 1→闪光器接线柱 L→转向开关→转向信号灯及转向指示灯→搭铁→蓄电池"－"极，构成回路。

流经串联线圈 3 的电流产生的吸力大于弹簧片的作用力，将触点迅速打开，由于流过转向灯灯丝电流时间很短，故灯泡处于暗的状态（未来得及亮）。触点打开后，蓄电池开始向电容器充电，回路为：蓄电池"＋"极→点火开关→闪光器接线柱 B→串联线圈 3→并联线圈 4→电解电容器→闪光器接线柱 L→转向灯开关→转向灯及转向指示灯（左或右）→搭铁→蓄电池"−"极。由于串联线圈3和并联线圈4电阻较大，充电电流较小，仍不足以使转向灯亮。同时，两线圈产生的电磁吸力方向相同，使触点打开，随着电容器两端电压升高，充电电流逐渐减小，电磁吸力也减小，在弹簧片作用下，触点闭合。随后，电源通过串联线圈3、触点1、转向开关8，向转向灯供电，电容器经并联线圈4、触点1放电。由于此时两线圈磁力方向相反，产生的合成磁力不足以使触点打开，此时转向灯亮。随着电容器两端电压下降，流经并联线圈4的电流减少，产生的磁力减弱，串联线圈3产生的电磁吸力又将触点打开，转向灯变暗。如此反复，转向灯则以一定的频率闪烁。

你能分析出电容式闪光器的工作原理吗？试着填一填：

①触点闭合时，电流的接通回路：

②触点打开后，蓄电池向电容器充电时的回路：

（3）电子式闪光器

电子式闪光器利用三极管的开关特性，电容器的充、放电延时特性，控制继电器线圈的通、断电，接通和断开触点，使转向信号灯闪烁，其电路如图4−23所示。电子式闪光器由于其工作可靠，使用寿命长，在汽车转向灯系统中广泛使用。电子式闪光器分为有触点和无触点、集成电路和晶体管式等多种形式。

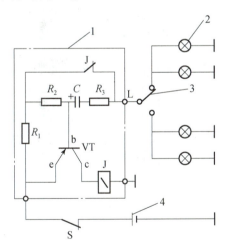

图4−23 电子式闪光器电路
1—电子闪光器；2—转向信号灯；3—转向灯开关；4—蓄电池

其工作原理为：接通转向开关3时，电流由蓄电池正极→点火开关→R_1→闪光器常闭触点→转向灯开关3→转向灯及转向指示灯→搭铁→蓄电池负极。由于R_1的电阻较小，电路电流较大，故转向灯亮。同时因电阻R_1上的电压降使晶体管VT的发射结由于正向偏置而导通，继电器线圈有电流通过，使常闭触点张开，转向灯迅速变暗。

触点打开后，电容C被充电，充电电流从蓄电池正极→点火开关→R_1→R_2→C→R_3→转向开关→转向灯及转向指示灯→搭铁→蓄电池负极。由于充电电流很小，故转向灯仍暗。随着电容器充电的进行，晶体管 VT 的基极电位逐渐提高，当晶体管 VT 发射结两端电压小于晶体管 VT 导通所需的正向偏置电压时，晶体管 VT 截止，通过继电器线圈的电流截止，触点闭合，转向灯又重新变亮。

触点闭合后，电容 C 通过 R_2、R_3 及继电器的触点放电，随着电容 C 放电的进行，晶体管 VT 的基极电位不断下降，当达到晶体管 VT 导通所需要的正向偏置电压时，晶体管 VT 导通，继电器线圈又有电流通过，触点打开，转向灯再次变暗。

随着电容 C 的充电、放电，晶体管 VT 不断地导通、截止，周而复始，实现转向灯的闪烁。

你能分析出电子式闪光器的工作原理吗？试着填一填：

①当转向灯开关 3 刚接通时电流的接通回路：

②触点打开后，电容 C 被充电后的电流接通回路：

知识点二　危险警告灯的作用及控制电路

危险警告灯的作用是当汽车发生故障需要在道路上停车，或需要在高速公路上临时停车时，向其他车辆和行人发出明暗交替的闪烁信号，示意车辆和行人避让。危险警告灯通常与转向灯共用，由转向灯、闪光继电器和危险警告灯开关等组成，按下危险警告灯开关时，所有的转向灯同时亮起，这时转向灯开关不起控制作用，详见图 4 – 24。

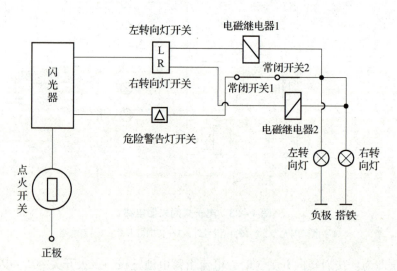

图 4 – 24　危险警告灯电路

知识点三　转向灯电路

图 4 – 25 为丰田卡罗拉汽车转向灯电路。

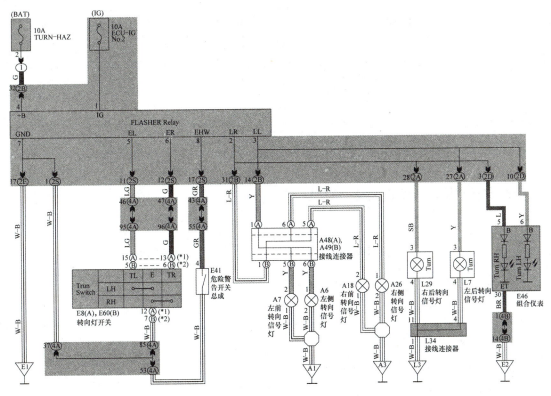

图 4-25　丰田卡罗拉转向灯电路

其工作原理为：

①左转向灯：当转向灯开关打到 LH 时，转向开关的 TL 端子与 E 端子导通。这时，闪光继电器端子 5 通过转向开关到搭铁点 E1 搭铁，得到一个低电位信号。此时，闪光继电器通过端子 3 输出电压，使得左前、左侧及左后转向信号灯闪亮，指示车辆处于左转向状态。同时，组合仪表板上左转向信号指示灯闪亮，提示驾驶人左转向灯正常工作。

②右转向灯：当转向开关打到 RH 时，转向开关的 TR 端子与 E 端子导通。这时，闪光继电器端子 6 通过转向开关到搭铁点 E1 搭铁，得到一个低电位信号。此时，闪光继电器通过端子 2 输出电压，使得右前、右侧及右后转向信号灯闪亮，指示车辆处于右转向状态。同时，组合仪表板上右转向信号指示灯闪亮，提示驾驶人右转向灯正常工作。

③危险警告灯：当按下危险警告开关时，闪光继电器端子 8 通过搭铁点 E1 搭铁，得到一个低电位信号。此时，闪光继电器通过端子 2、3 同时输出电压，使得左、右两个方向的转向信号灯同时闪亮，指示车辆处于危险状态。同时，组合仪表板上左、右转向信号指示灯同时闪亮，提示驾驶人危险警告指示灯正常工作。

任务实施

1. 物料和工具领取

完成表 4-16 的填写。

汽车转向灯排故

表4-16 物料和工具清单

序号	工具/物料名称	规格型号	数量	备注

2. 故障检查

对卡罗拉轿车转向灯不亮进行故障检查，结合实施过程，按照检查项目，填写实际的检查结果。将检查结果填写完整，完成表4-17。

表4-17 故障检查记录

序号	项目模块	查找结果	备注
1	危险警告灯主保险 TURN - HAZ 安装位置		
2	转向灯主保险 ECU - IG2 安装位置		
3	闪光继电器安装位置		
4	A48、A49 接线连接器安装位置		
5	A1、A3 搭铁点安装位置		

3. 填写实施记录

在表4-18中填写实施记录。

表4-18 实施记录

序号	项目模块	检查结果	备注
1	仪表显示		
2	转向灯开关及其线路		
3	危险警告灯主保险 TURN - HAZ 电源、线路		
4	转向灯主保险 ECU - IG2 电源、线路		
5	左侧各个转向灯控制信号及线路		
6	转向灯灯泡 A7 及线路		
7	转向灯搭铁 A1 及线路		
8	闪光继电器供电线路		

任务评价

根据本组的团体表现及个人表现，填写考核评价表4-19。

表 4-19 考核评价表

序号	评价项目	评价内容	分值	自评(30%)	互评(30%)	师评(40%)	合计
1	职业素养(30分)	分工合理、制订计划能力强、严谨认真	5				
		爱岗敬业、安全意识、责任意识、服从意识	5				
		团队合作、交流沟通、互相协作、分享能力	5				
		遵守行业规范、现场6S标准	5				
		主动性强，保质保量完成工作页相关任务	5				
		能采取多样化手段收集信息、解决问题	5				
2	专业能力(60分)	检查方法正确、规范	10				
		操作过程严肃认真、精益求精	10				
		程序设计合理、熟练	15				
		检查结果正确	10				
		技术文档整理完整	15				
3	创新意识(10分)	创新性思维和行动	10				
合计			100				

知识拓展

在《汽车及挂车外部照明和光信号装置的安装规定》（GB 4785—2019）中，对汽车转向灯的安装位置与数量都做了明确的规定。对于普通家用车至少要有四个转向灯，分别安装在汽车的四个边角处。对于车长超过一定长度的车还要求安装侧面转向灯。侧面转向信号灯位置必须满足高度离地距离不小于500 mm、不大于1 500 mm；纵向距车前端距离不大于1 800 mm。

绝大多数汽车转向灯都是黄色的，主要是因为黄色光线穿透力最强，在雾天、雨雪天气、雾霾天气等可见度不高的情况下，仍然能够清楚地看到前车的指示方向，保证行车安全。但是有极少数的几个国家，转向灯允许是其他颜色的，比如美国有些车型的转向灯就是

红色的。这些车进口到中国必须改成黄色，比如早期的凯迪拉克、林肯等车型。

国家标准规定转向灯的闪烁频率是每分钟闪烁60~80次，这是由转向控制器相关电路来保证的，最核心的零部件就是电子式闪光继电器。这种电子式闪光继电器同时还具有一个故障诊断的功能，如果某一个转向灯泡损坏了，这一侧的电路电流就会发生变化，进而导致闪光继电器内部的控制电路频率发生变化，转向灯的闪烁就会加快，仪表盘上的转向信号灯闪烁也会加快。所以，开车时如果发现仪表盘上的转向信号灯闪烁频率突然变快，就说明某一侧有灯泡损坏，需要检查修复。

现在的汽车转向拨杆几乎都有自动回位的功能。这个功能是在方向盘下面组合开关处，安装了一个自动回位机构，有点类似于棘轮机构，可以让转向拨杆自动回位。我们在开启转向灯的同时转动方向盘，方向盘下面发出"咔咔"的声音，就是这个机构发出来的。

课后练习

课程思政故事

一、单选题

1. 将转向灯开关向上提，（　　）转向灯亮。

A. 左　　　　　　　　B. 右　　　　　　　　C. 左、右

2. 汽车转向灯的功率一般为（　　）。

A. 20~30 W　　　　B. 30~40 W　　　　C. 45~55 W　　　　D. 45~60 W

3. 汽车转向指示灯的功率一般为（　　）。

A. 20~30 W　　　　B. 30~40 W　　　　C. 45~55 W　　　　D. 45~60 W

二、填空题

1. 转向灯继电器正常闪光频率为1 Hz，则每分钟闪烁_____次。

2. 汽车转向灯的连接方式为_____联。

3. 汽车转向灯颜色为_____色。

三、简答题

1. 汽车转向灯开关的回位原理是什么？

2. 转向灯开启时会发生"哒哒哒"的声音是什么原因？

3. 危险警告灯和转向灯之间的关联是什么？

四、赛证练习

准备"1+X"职业技能领域职业技能等级标准考核用车1辆，并备齐考核用的相关工具、设备后，进行以下技能等级考核试题的练习。

一、车辆信息记录					
品牌		整车型号		生产日期	
发动机型号		发动机排量		行驶里程	
车辆识别码					

二、检测转向灯，找出导致灯泡不亮的故障元件，记录故障元件相关信息，进行故障原因说明					
转向灯系统相关电路图位置				记录所查询的电路图 在维修手册中的位置
故障元件名称	故障元件编号	针脚编号	针脚线束颜色	故障分析
				故障位置：灯泡□　电路线束□ 继电器□　保险丝□　组合开关□ 其他□ 故障原因说明：

任务四
雾灯的检修

任务描述

　　大雾天气，客户的卡罗拉轿车在行车时开启前后雾灯，发现车内雾灯指示灯不亮，影响车辆行驶安全，需要进行维修。客户将卡罗拉轿车开到4S店维修服务中心进行维修。维修技师需要按维修操作流程对车辆雾灯电路进行分析和诊断，找到故障原因，使用检测仪器进行检测以找到故障位置，制订维修方案，排除故障。

学习目标

目标类型	目标要求
知识目标	了解雾灯的组成
	熟悉雾灯的工作原理
	掌握雾灯的故障检修方法
技能目标	能够识读雾灯电路
	能够分析雾灯控制原理
	能够设计正确的维修方案
思政目标	培养自主学习的能力和团队意识
	培养爱岗敬业的职业素养
	培养细心严谨的工作作风

任务准备

　　将班级学生分组，3人或4人为一组，由轮值安排生成组长，使每个人都有锻炼组织协调和管理能力的机会。每人都有明确的任务分工，机电维修组长1人，机电维修中工1人，机电维修学徒1~2人，模拟任务实施过程，培养团队合作、互帮互助精神和协同攻关能力。任务分组见表4-20。

表 4 – 20　任务分组

组长		组名		指导老师	
团队成员	学号	角色指派		备注	
		机电维修组长		任务进度安排	
		机电维修中工		任务主实施	
		机电维修学徒		任务协助实施	
		机电维修学徒		任务协助实施	

任务引导

引导问题 1：你知道如何开启雾灯吗？

引导问题 2：你了解前后雾灯的颜色吗？

引导问题 3：你知道前后雾灯的安装位置吗？

知识链接

汽车雾灯介绍

知识点一　雾灯电路组成

汽车雾灯是一种信号灯，用于在雨雾天气行车时照明道路与安全警示，以提高驾驶员与周围交通参与者的能见度。雾灯电路主要由雾灯、雾灯继电器、雾灯开关、雾灯指示灯等组成。

1. 雾灯结构

雾灯有前雾灯与后雾灯，前雾灯装于汽车前部比前照灯稍低的位置，前雾灯的光色一般为黄色，即采用黄色配光镜或黄色灯泡。因为黄色的光波较长，具有良好的透雾性能，可视性好，使迎面车辆及早地注意避让车辆，提高车辆行驶的安全性能。后雾灯的光色一般为红色，有些车后面只安装一个雾灯，一般安装在左侧，后雾灯灯泡的功率与刹车灯灯泡功率相当，为 21 W。

2. 雾灯指示灯

雾灯指示灯（见图 4 – 26）能显示前后雾灯的工作状况，当前后雾灯点亮时，该指示灯相应的标志就会点亮。关闭雾灯后，相应的指示灯熄灭。

项目四　照明与信号系统检修

前雾灯指示灯图形为左边三条平行斜线，由一条弯曲的线穿过，右边是半椭圆形。

后雾灯指示灯图形左边是半椭圆形，右边是三条平行横线，由一条弯曲的线穿过。

图 4 – 26　雾灯指示灯

3. 雾灯开关

雾灯开关（见图 4 – 27）一般集成在车灯开关上，雾灯开启需要打开车灯开关，即打开示宽灯。在汽车的灯光操作杆上找到雾灯标识的位置，并旋转操作环。将前雾灯标识对准开启标识点，仪表盘则会显示前雾灯指示灯，代表前雾灯开启。旋转操作环，将后雾灯标识对准开启标识点，仪表盘就会显示后雾灯指示灯，代表后雾灯开启。前雾灯是可以单独开启的，后雾灯只能与前雾灯同时开启，无法单独开启。

图 4 – 27　雾灯开关

4. 雾灯继电器

由于雾灯功率相对较大，在雾灯的控制中一般设置有雾灯继电器（见图 4 – 28）。雾灯继电器相当于一个单刀双掷开关，有活动点和活动臂。85 端子和 86 端子连接控制电路，30 端子和 87 端子在继电器内部为断开状态，当控制电路通电时 30 端子和 87 端子才能吸合。雾灯的开启前提是需要打开车灯开关至小灯位置，先接通控制电路，再接通工作电路。

你了解汽车雾灯吗？试着填一填表 4 – 21。

图 4 – 28　雾灯继电器

表 4 – 21　雾灯颜色及其指示灯符号

种类	前雾灯	后雾灯
颜色		
指示灯符号		

知识点二　雾灯电路分析

1. 前雾灯工作原理

图 4-29 为丰田卡罗拉轿车前雾灯电路图。

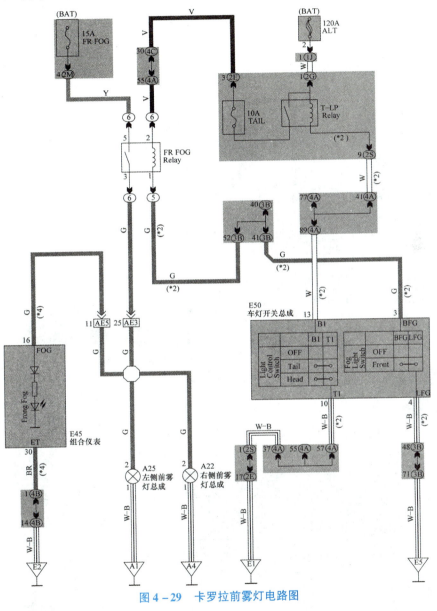

图 4-29　卡罗拉前雾灯电路图

前雾灯开启原理：打开车灯开关 E50（Tail 或者 Head）挡时，车灯开关内的 B1 端子和 T1 端子导通，小灯继电器 T-LP Relay 通过车灯开关 B1、T1 端子搭铁，继电器触点闭合，小灯继电器另外两个端子接通，此时打开雾灯开关 Front 挡位，车灯开关内的 BFG 端子和 LFG 端子导通，前雾灯继电器通电，通过 BFG 端子和 LFG 端子搭铁。前雾灯继电器 3 和 5 端子接通，左侧、右侧前雾灯亮。

试着分析并填一填：

①前雾灯开启控制电路：

②前雾灯开启工作电路：

2. 后雾灯工作原理

图4－30为丰田卡罗拉轿车后雾灯电路图。

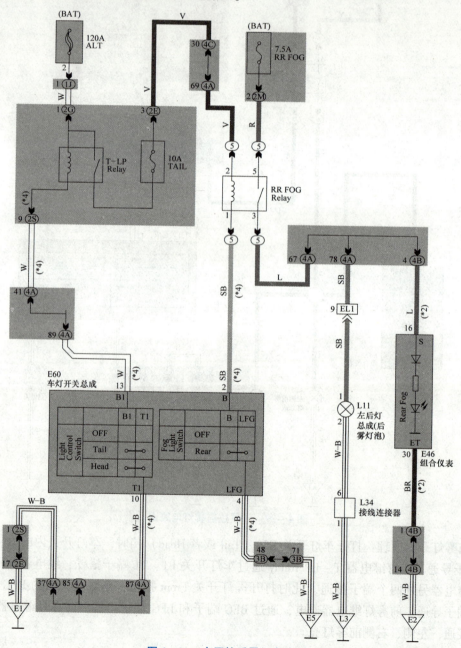

图4－30　卡罗拉后雾灯电路图

后雾灯开启原理：打开车灯开关 E60（Tail 或者 Head）挡时，车灯开关内的 B1 端子和 T1 端子导通，小灯继电器 T – LP Relay 通过车灯开关 B1、T1 端子搭铁，继电器触点闭合，小灯继电器另外两个端子接通，此时打开雾灯开关 Rear 挡位，车灯开关内的 B 端子和 LFG 端子导通，后雾灯继电器通电，通过 B 端子和 LFG 端子搭铁。后雾灯继电器 3 和 5 端子接通，左后雾灯亮。

试着分析并填一填：

①后雾灯开启控制电路：

②后雾灯开启工作电路：

任务实施

汽车雾灯排故

1. 物料和工具领取

完成表 4 – 22 的填写。

表 4 – 22　物料和工具清单

序号	工具/物料名称	规格型号	数量	备注

2. 故障检查

对卡罗拉轿车雾灯不亮进行故障检查，结合实施过程，按照检查项目，填写实际的检查结果。将检查结果填写完整，完成表 4 – 23。

表 4 – 23　故障检查记录

序号	项目模块	查找结果	备注
1	前雾灯继电器 FR – FOG Relay 安装位置		
2	车灯开关总成 E60 安装位置		
3	后雾灯继电器 RR – FOG Relay 安装位置		
4	小灯继电器 T – LP Relay 安装位置		
5	左侧前雾灯总成 A25 安装位置		
6	右侧前雾灯总成 A22 安装位置		

3. 填写实施记录

在表4-24中填写实施记录。

表4-24　实施记录

序号	项目模块	检查结果	备注
1	仪表显示		
2	雾灯开关及其线路		
3	小灯继电器T-LP Relay电源、线路		
4	后雾灯继电器RR-FOG Relay 电源、线路		
5	前雾灯继电器FR-FOG Relay 电源、线路		
6	车灯开关总成E60及线路		
7	雾灯总成线路		
8	雾灯搭铁		

任务评价

根据本组的团体表现及个人表现，填写考核评价表4-25。

表4-25　考核评价表

序号	评价项目	评价内容	分值	自评（30%）	互评（30%）	师评（40%）	合计
1	职业素养（30分）	分工合理、制订计划能力强、严谨认真	5				
		爱岗敬业、安全意识、责任意识、服从意识	5				
		团队合作、交流沟通、互相协作、分享能力	5				
		遵守行业规范、现场6S标准	5				
		主动性强，保质保量完成工作页相关任务	5				
		能采取多样化手段收集信息、解决问题	5				

序号	评价项目	评价内容	分值	自评 （30%）	互评 （30%）	师评 （40%）	合计
2	专业能力 （60分）	检查方法正确、规范	10				
		操作过程严肃认真、精益求精	10				
		程序设计合理、熟练	15				
		检查结果正确	10				
		技术文档整理完整	15				
3	创新意识 （10分）	创新性思维和行动	10				
合计			100				

知识拓展

雾灯与大灯相比穿透力高，亮度低一些。大灯的穿透力小，亮度高。雾灯照得比较近，相当于近光。而黄色的灯光在雾天最明显，穿透力最强，所以许多雾灯是黄色的，一些小汽车的雾灯表面是白色的，打开时因为亮度低，所以也略显黄色。

在正常的天气环境下，如果打开前雾灯，由于前雾灯是一个高亮度的散射光源，因此易导致迎面驾驶人炫目、发生交通事故。而正常天气环境下，打开后雾灯，容易发生被追尾的交通事故。这是因为制动灯与雾灯的光色都为红色，制动灯的光线是散射光，而后雾灯的光线有一部分是平行光，对于正后方的驾驶人来说，后雾灯的亮度比制动灯还要亮。正常环境下，若前车开着后雾灯，当前车踩制动时，后车驾驶人就不能及时判断前车制动的动作。

从1999年1月1日起，国家公安部要求机动车必须安装符合国家标准的雾灯，未按规定安装后雾灯的机动车不准进入高速公路路段。具体的规定是：能见度为200~500 m时，必须打开近光灯、示宽灯和尾灯，时速不得超过80 km/h，与同一车道行驶的前车必须保持150 m以上的行车间距；能见度为100~200 m时，必须打开雾灯、近光灯、示宽灯和尾灯，时速不得超过60 km/h，与前车保持间距为100 m以上；能见度为50~100 m时，要开启雾灯、近光灯、示宽灯和尾灯，时速不得超过40 km/h，与前车的间距在50 m以上；能见度低于50 m时，交通管理部门将依照规定采取局部和全路段封闭高速公路的交通管制。

课后练习

一、单选题

1. 雾灯安装位置比前照灯（　　）。

课程思政故事

项目四　照明与信号系统检修

A. 高　　　　　　　　B. 低　　　　　　　　C. 等高

2. 后雾灯功率与制动灯的功率相比，后雾灯（　　）。

A. 高　　　　　　　　B. 低　　　　　　　　C. 相等

3. 雾灯功率一般为（　　）。

A. 20~30 W　　　　B. 30~40 W　　　　C. 45~55 W　　　　D. 45~60 W

二、填空题

1. 前雾灯的光色为_____色。

2. 后雾灯的光色为_____色。

3. 后雾灯一般安装_____个。

三、简答题

1. 后雾灯能否单独开启？

2. 雾灯开关的种类有哪几种？

3. 前后雾灯的光色为什么不相同？

四、赛证练习

一、车辆信息记录					
品牌		整车型号		生产日期	
发动机型号		发动机排量		行驶里程	
车辆识别码					

二、检测雾灯，找出导致雾灯不亮的故障元件，记录故障元件相关信息，进行故障原因说明				
雾灯系统相关电路图位置				记录所查询的电路图在维修手册中的位置
故障元件名称	故障元件编号	针脚编号	针脚线束颜色	故障分析
				故障位置：灯泡☐　电路线束☐　继电器☐　保险丝☐　组合开关☐　其他☐　故障原因说明：

任务五

电喇叭的检修

任务描述

　　客户林女士的卡罗拉轿车在行驶时出现电喇叭不响的故障，影响车辆行驶安全，需要进行维修。林女士将车开到4S店维修服务中心进行维修。维修技师需要按维修操作流程对车辆电喇叭的电路进行分析并诊断，找到故障原因，使用检测仪器进行检测以找到故障位置，制订维修方案，排除故障。

学习目标

目标类型	目标要求
知识目标	了解电喇叭的组成
	熟悉电喇叭的工作原理
	掌握电喇叭的故障检修方法
技能目标	能够识读电喇叭电路
	能够分析电喇叭控制原理
	能够设计正确的维修方案
思政目标	培养自主学习的能力和团队意识
	培养爱岗敬业的职业素养
	培养细心严谨的工作作风

任务准备

　　将班级学生分组，3人或4人为一组，由轮值安排生成组长，使每个人都有锻炼组织协调和管理能力的机会。每人都有明确的任务分工，机电维修组长1人，机电维修中工1人，机电维修学徒1~2人，模拟任务实施过程，培养团队合作、互帮互助精神和协同攻关能力。任务分组见表4-26。

表 4 – 26　任务分组

组长		组名		指导老师	
团队成员	学号	角色指派		备注	
		机电维修组长		任务进度安排	
		机电维修中工		任务主实施	
		机电维修学徒		任务协助实施	
		机电维修学徒		任务协助实施	

任务引导

引导问题 1：你知道电喇叭的发声原理吗？

引导问题 2：电喇叭的发声需要点火钥匙吗？

引导问题 3：你知道如何调整电喇叭吗？

知识链接

知识点一　电喇叭的结构

喇叭是汽车的音响信号装置。在汽车的行驶过程中，驾驶员根据需要和规定发出必需的音响信号，警告行人和引起其他车辆注意，保证交通安全，同时还用于催行与传递信号。汽车喇叭按声音动力分为气喇叭和电喇叭两种，本项目介绍电喇叭。

电喇叭的工作原理是利用电磁吸力使金属膜片振动而发出声音。它是汽车上广泛应用的一种喇叭，按外形结构可分为筒形、螺旋形和盆形三种，一般多制成螺旋形或盆形。

通常使用的电喇叭根据其工作方式可以分为机械式和电子式两种。其中电子式电喇叭又分为触点式和无触点式两种。触点式电喇叭利用触点的闭合与断开控制电磁线圈中励磁电流的通断，从而使铁芯（或衔铁）以一定频率做上下移动，并带动金属膜片振动而产生声音。无触点式电喇叭利用电子线路来控制电磁线圈中励磁电流的通断，使铁芯以一定频率移动，并带动金属膜片振动而产生音响。

电喇叭具有能源方便、结构简单、体积小、质量小、噪声小、保修容易、声音洪亮及音质悦耳等优点。

1. 螺旋形电喇叭

螺旋形电喇叭的结构原理如图4-31所示，其扬声筒为螺旋管形状。

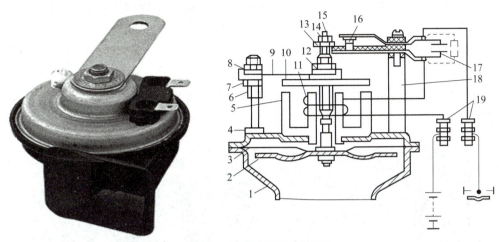

图4-31　螺旋形电喇叭结构

1—喇叭口；2—共鸣板；3—膜片；4—底板；5—铁芯；6—螺钉；7，13—调整螺母；8，12，14—锁紧螺母；
9—弹簧片；10—衔铁；11—电磁线圈；15—中心螺杆；16，17—触点；18—支架；19—接线柱

螺旋形电喇叭通电后，电流经过线圈产生电磁吸力使铁芯和衔铁吸合，在衔铁的带动下调整螺母使触点断开，线圈断电，衔铁与铁芯分开，触点又闭合，如此反复使膜片和扬声器发出和谐悦耳的声音。

2. 盆形电喇叭

如图4-32所示，盆形电喇叭由膜片、共鸣板、振动块、电磁线圈、触点、铁芯和外壳等组成。

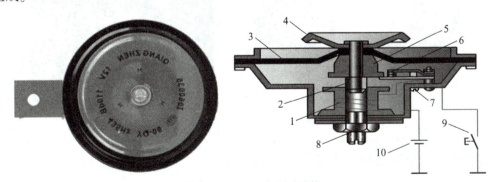

图4-32　盆形电喇叭结构

1—电磁线圈；2—活动铁芯；3—膜片；4—共鸣板；5—振动块；
6—触点；7—音量调整螺钉；8—音调调整螺母；9—喇叭按钮；10—蓄电池

其工作原理与螺旋形电喇叭相同，结构上也基本一致，只是没有扬声筒，声音靠共鸣板产生共鸣后传出。电磁线圈绕在固定铁芯上，活动铁芯与振动块、膜片、共鸣板固定在一起，振动块下缘与动触点臂相接触，活动铁芯向下移动时，动触点臂也随之移动，触点由闭合状态转变为断开。

当按下喇叭按钮时，电磁线圈电路接通，电路为：蓄电池正极→电磁线圈→触点→喇叭

按钮→蓄电池负极，喇叭线圈通电后产生电磁吸力，吸动活动铁芯及振动块下移，带动膜片向下变形。同时，振动块下移将触点打开，线圈断电，电磁力消失，活动铁芯及振动块在膜片弹力的带动下复位、触点再次闭合，线圈电路再次接通，如此重复，使膜片与共鸣板产生共鸣发声。

3. 电喇叭按钮

电喇叭按钮一般安装在方向盘上，少数安装在组合开关上，如图4-33所示，它主要由触点和回位弹簧组成，用来控制电喇叭的负极或控制电喇叭继电器负极。电喇叭按钮通常经过螺旋电缆与电喇叭电路相连接。

图4-33　电喇叭按钮

4. 电喇叭继电器

电喇叭继电器主要起保护按钮的作用，一般安装在配电盒上。它主要由线圈、铁芯、动触点、静触点、复位弹簧、接线端子等组成，如图4-34所示。

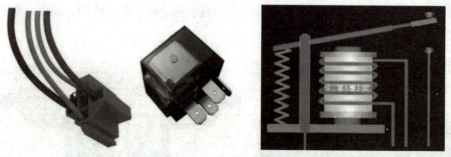

图4-34　电喇叭继电器

知识点二　喇叭控制电路分析

按下电喇叭按钮时，电喇叭继电器线圈通电，继电器铁芯产生电磁场，将继电器触点闭合，给电喇叭供电，喇叭发音。如图4-35所示，当电路为：蓄电池正极→继电器85→继电器线圈→继电器86→喇叭按钮→蓄电池负极，这时继电器触点闭合，蓄电池向电喇叭供电。当电路为：蓄电池正极→继电器30→触点→继电器87→电喇叭→蓄电池负极，这样使电喇叭发音。松开电喇叭按钮时，继电器线圈断电，铁芯电磁吸力消失，触点在自身弹力作用下张开，切断了电喇叭电路，电喇叭停止发音。

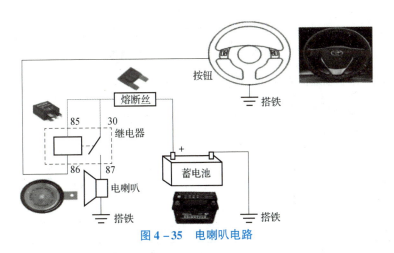

图 4 - 35　电喇叭电路

试着分析并填一填：

①按下喇叭按钮，电喇叭控制电路电流走向：

②电喇叭工作电路电流走向：

任务实施

1. 物料和工具领取

完成表 4 - 27 的填写。

表 4 - 27　物料和工具清单

序号	工具/物料名称	规格型号	数量	备注

2. 故障检查

对卡罗拉轿车电喇叭不响进行故障检查，结合实施过程，按照检查项目，填写实际的检查结果。将检查结果填写完整，完成表 4 - 28。

表 4 - 28　故障检查记录

序号	项目模块	查找结果	备注
1	电喇叭继电器安装位置		
2	电喇叭开关安装位置		

序号	项目模块	查找结果	备注
3	电喇叭保险安装位置		
4	电喇叭总成安装位置		
5	电喇叭搭铁安装位置		

3. 填写实施记录

在表4-29中填写实施记录。

表4-29 实施记录

序号	项目模块	检查结果	备注
1	电喇叭开关及其线路		
2	电喇叭继电器电源、线路		
3	电喇叭开关及线路		
4	电喇叭总成及线路		
5	电喇叭搭铁及线路		

任务评价

根据本组的团体表现及个人表现，填写考核评价表4-30。

表4-30 考核评价表

序号	评价项目	评价内容	分值	自评（30%）	互评（30%）	师评（40%）	合计
1	职业素养（30分）	分工合理、制订计划能力强、严谨认真	5				
		爱岗敬业、安全意识、责任意识、服从意识	5				
		团队合作、交流沟通、互相协作、分享能力	5				
		遵守行业规范、现场6S标准	5				
		主动性强，保质保量完成工作页相关任务	5				
		能采取多样化手段收集信息、解决问题	5				

序号	评价项目	评价内容	分值	自评 (30%)	互评 (30%)	师评 (40%)	合计
2	专业能力 (60分)	检查方法正确、规范	10				
		操作过程严肃认真、精益求精	10				
		程序设计合理、熟练	15				
		检查结果正确	10				
		技术文档整理完整	15				
3	创新意识 (10分)	创新性思维和行动	10				
合计			100				

知识拓展

汽车喇叭用于催行与传递信号，还用于警告行人和引起其他车辆注意，保证交通安全，所以汽车喇叭的维护是很有必要的。汽车喇叭该如何维护呢？

①洗车时，不能用水直接冲洗喇叭筒，以免水进入喇叭筒而使喇叭不响。

②喇叭连续发声不得超过10 s，以免损坏喇叭。

③经常保持喇叭外表清洁，各接线连接要牢靠。

④在检修喇叭时，应注意各金属垫和绝缘垫的位置，不可装错。

⑤经常检查、紧固喇叭和支架的固定螺钉，保证其搭铁可靠。

⑥经常检查发电机输出电压。电压过高时，会烧坏喇叭触点；电压过低（低于喇叭的定电压）时，喇叭将发出异常声音。

盆形电喇叭可以进行音调和音量的调节。

①音调调节靠调节衔铁与铁芯之间的气隙来实现，铁芯气隙小时，膜片的振动频率高，气隙大时，膜片的振动频率低（即音调低）。铁芯气隙（一般为0.7～1.5 mm）的调节方法是：松开锁紧螺母，转动下铁芯，将上、下铁芯间的间隙调至合适量，拧紧锁紧螺母即可，如图4-36所示。

②音量调节靠调节喇叭内触点的压力（即控制喇叭线圈的电流大小）来实现，触点的接触压力增大时，喇叭的音量变大，反之音量变小。调节方法是：旋转音量调节螺钉，逆时针方向转动时，触点压力增大，音量增大；顺时针方向转动时，触点压力减小，音量减小，如图4-36所示。

项目四 照明与信号系统检修

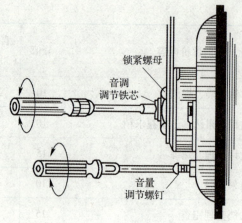

图 4 - 36　电喇叭的调整

课后练习

一、单选题

1. 一般小型轿车采用的是（　　　）。

A. 盆形喇叭　　　　　　B. 螺旋形喇叭　　　　　C. 桶形喇叭

2. 汽车电喇叭音量距车前 2 m、离地面高 1.2 m 处，应为（　　　）dB。

A. 90 ~ 105　　　　　　B. 80 ~ 90　　　　　　C. > 105

3. 调整电喇叭时，每次调整（　　　）圈。

A. 1/2　　　　　　　　B. 1/4　　　　　　　　C. 1/10

二、填空题

1. 改变电喇叭铁芯_____可以改变电喇叭的音调，改变电喇叭_____可以改变电喇叭的音量。

2. 汽车高音电喇叭膜片较_____，扬声筒较_____，低音电喇叭则相反。

3. 电喇叭的铁芯气隙一般为_____ mm。

三、简答题

1. 汽车电喇叭的调整包括哪几方面？

2. 汽车电喇叭的开启需要点火钥匙吗？

3. 汽车上为什么要装高、低音两个喇叭？

四、赛证练习

一、车辆信息记录					
品牌		整车型号		生产日期	
发动机型号		发动机排量		行驶里程	
车辆识别码					

二、检测电喇叭，找出导致电喇叭不响的故障元件，记录故障元件相关信息，进行故障原因说明				
电喇叭系统相关电路图位置				记录所查询的电路图在维修手册中的位置
故障元件名称	故障元件编号	针脚编号	针脚线束颜色	故障分析
				故障位置：电路线束□　继电器□ 保险丝□　组合开关□　其他□ 故障原因说明：

项目五
汽车辅助电气设备检修

为了提高汽车行驶的安全性及可靠性，减轻驾驶人的劳动强度，现代汽车的辅助电器性能也越来越完善，满足乘员对汽车豪华、舒适、安全、可靠的要求。汽车辅助电气系统在汽车电气系统中占有重要的作用，主要包括电动车窗、中央控制门锁、电动座椅、电动后视镜、风窗刮水器等系统设备。在学习过程中坚持创造性转化、创新性发展，以社会主义核心价值观为引领，弘扬劳动精神、奋斗精神、创造精神、勤俭节约精神。

任务一

刮水器的检修

任务描述

张工在丰田 4S 店做维修接待工作三年了，某天一客户开着一汽丰田卡罗拉轿车来到 4S 店维修，行驶里程为 9 万千米，车主反映说在车辆行驶过程中，打开风窗刮水器开关，该车风窗刮水器不工作。

假如你是张工，请你负责该车的接待维修工作，为车主介绍汽车刮水器及清洗器的组成、功能及正确使用方法，并且根据该车的故障现象完成初步检查，分析具体可能故障原因，根据刮水器的工作原理和控制电路对故障进行诊断排除。

本任务学习过程融入刮水器的发明历程，培养学生的创新思维，树立学以致用的意识；进一步引申人生成长路上会遇到很多困难阻碍，暂时遮挡了视线和方向，我们需要克服困难，寻找方法解决困难，找到正确的方向并不懈努力奋斗。

学习目标

目标类型	目标要求
知识目标	了解刮水器的作用
	熟悉刮水器的基本组成、分类
	掌握刮水器的工作原理
技能目标	掌握风窗清洁装置主要部件的拆装方法
	会检测风窗洗涤装置主要元件
	能够对风窗清洁装置常见故障进行分析，掌握故障诊断方法
思政目标	在分组讨论电动刮水器、洗涤除霜装置工作过程及原理任务学习中，锻炼同学们的科学素养
	了解科学技术对社会和个人所产生的影响
	在学习刮水器的工作原理过程中掌握科学的研究过程和方法

任务准备

将班级学生分组，3 人或 4 人为一组，由轮值安排生成组长，使每个人都有锻炼组织协调和管理能力的机会。每人都有明确的任务分工，机电维修组长 1 人，机电维修中工 1 人，机电维修学徒 1~2 人，模拟任务实施过程，培养团队合作、互帮互助精神和协同攻关能力。任务分组见表 5-1。

表 5-1　任务分组

组长		组名		指导老师	
团队成员	学号	角色指派		备注	
		机电维修组长		任务进度安排	
		机电维修中工		任务主实施	
		机电维修学徒		任务协助实施	
		机电维修学徒		任务协助实施	

任务引导

引导问题 1：什么时候需要开启刮水器？

引导问题 2：汽车刮水器有哪些类型？

引导问题 3：一般常用汽车刮水器如何维护？

知识链接

刮水器的检修

知识点一　刮水器

1. 刮水器的作用与分类

为了确保极端天气下驾驶员的良好视线、清晰的能见度，汽车采用刮水器（见图 5-1）清除风窗玻璃上的雨水、雪或者灰尘杂物，保障行车安全。按照位置来划分，风窗刮水器一般包括前风窗刮水器和后风窗刮水器。按照驱动机构分类，一般包括真空式、气动式和电动式三种刮水器。目前使用最广泛的是电动刮水器，它一般具有高速、低速和间歇三个挡位，部分还包括变速和自动回位功能。

图 5 - 1 刮水器

2. 电动刮水器的组成

如图 5 - 2 所示，电动刮水器由电动机、传动机构和刮水片组成。电动机电枢轴端的蜗杆驱动蜗轮，蜗轮带动摇臂旋转，摇臂使拉杆做往复运动，从而带动刮水片左右摆动。电动刮水器的电动机一般有永磁式和励磁式两种，其中永磁式电动机结构简单、体积小、可靠性好，被广泛采用。

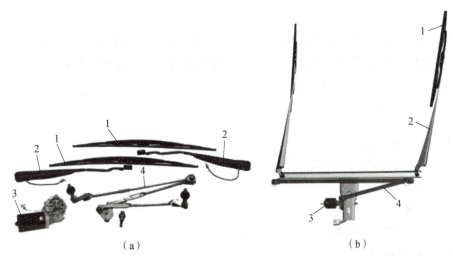

（a）　　　　　　　　　　　　（b）

图 5 - 2 刮水器的组成
1—刮水片；2—刮水器臂；3—刮水器电动机；4—传动机构
（a）实物图；（b）结构连接图

3. 刮水器电动机的结构

刮水器一般采用变速电动机，刮水器的变速是利用直流电动机的变速原理来实现的。一般刮水器电动机有励磁式和永磁式两种，励磁式刮水器电动机的磁极绕有励磁绕组，通电流时产生磁场，而永磁式刮水器电动机的磁极用永久磁体制成，目前应用较多的是永磁式。

以永磁式电动刮水器为例，电动机结构如图 5 - 3 所示，电动机总成主要由外壳及永久磁铁、电枢、电刷及复位器、蜗轮、蜗杆、输出轴等组成。

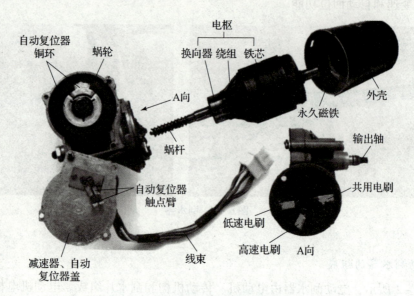

图 5-3 永磁式电动刮水器的组成结构

当电动机通电后，电枢产生回转，经过蜗轮和输出齿轮以及输出轴后，将动力输出到输出臂，输出臂带动刮水片往复运动实现刮水动作。

4. 永磁式电动刮水器的工作原理

由于电动刮水器的动力来源是直流电动机，故刮水器的变速就是直流电动机的变速。改变直流电动机两电刷之间的电枢绕组（导体）数可改变直流电动机的转速。直流电动机的转速公式为：

$$n = \frac{U - IR}{KZ\Phi}$$

式中　U——电动机端电压；

　　　I——通过电枢绕组的电流；

　　　R——电枢绕组的电阻；

　　　K——常数；

　　　Z——正、负电刷间串联的绕组（导体）数；

　　　Φ——磁极磁通。

可见改变直流电动机的磁通和两电刷自建的电枢绕组（导体）数 Z 均能改变直流电动机的转速。当磁极磁通减小时转速 n 上升，反之则转速下降。当导体数目增多时，转速也下降，反之则上升。通过改变磁通的大小改变直流电动机转速的方法，只是适用于绕线式直流电动机。

永磁式电动刮水器的变速原理如图 5-4、图 5-5 所示。

当开关拨向 L 端时，电源电压 U 加在 B_1 与 B_3 电刷之间，电流经过由①、⑥、⑤与②、③、④组成的两条并联分流回路，每条回路中串联的有效线圈各三个，串联线圈（导体）数相对较多，故反电动势较大，电动机以较低转速运转。

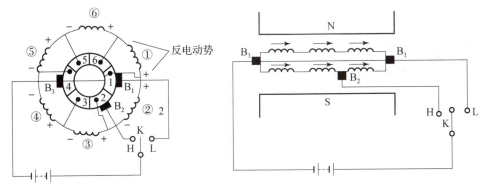

图 5 – 4　永磁式电动刮水器的变速原理（一）

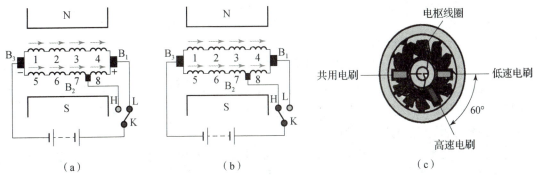

（a）　　　　　　　　　　（b）　　　　　　　　　　（c）

图 5 – 5　永磁式电动刮水器的变速原理（二）

（a）低速旋转；（b）高速旋转；（c）电刷的布置

当开关拨向 H 端时，电源电压 U 加在 B_2 和 B_3 电刷之间，电流经过由②、①、⑥、⑤与③、④组成的两条并联分流回路，由于线圈②和线圈①、⑥、⑤的绕线方向相反，②产生方向相反的电动势与①反电动势互相抵消，只有两个线圈的反电动势与电源电压平衡，故反电动势较小，电动机以较高转速运转。可见，并联回路中串联线圈（导体）数目减少，能使电动机转速升高。

综上，为了实现电动机的高、低速挡位工作，永磁式电动刮水器一般采用三刷式电动机，是利用三个电刷来改变正、负电刷之间串联线圈的个数实现高低速变速运转的。其工作原理是：电动刮水器工作时，在电动机电枢内同时产生反电动势，其方向与电枢电流的方向相反。

5. 电动刮水器的控制电路及自动复位工作原理

（1）电动刮水器自动复位作用

当刮水器停止工作时，为了避免刮水片停在风窗玻璃中间，影响驾驶员视线，汽车上电动刮水器都设有自动复位装置，它由蜗轮上的回位盘和开关共同完成，其功能是在关闭刮水器开关时，刮水片能自动停在驾驶员视野以外的位置。

（2）电动刮水器自动复位工作原理（见图 5 – 6）

①当电源开关 1 接通，将刮水器开关转到 I 挡（低速挡）时，电流从蓄电池 12 正极→电源开关 1→熔丝 2→电刷 B_1→电枢绕组→电刷 B_3→刮水器开关 13 接线柱 b→刮水器开关 13 接触片→刮水器开关 13 接线柱 c→搭铁→蓄电池 12 负极。

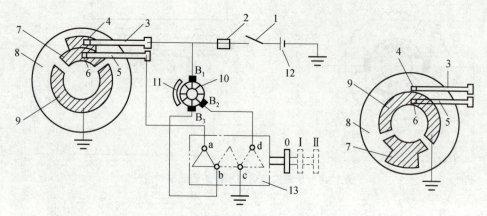

图5-6 永磁式电动刮水器的自动复位装置

1—电源开关；2—熔断丝；3，5—触点臂；4，6—触点；7，9—铜环；8—蜗轮；

10—电枢；11—永久磁铁；12—蓄电池；13—刮水器开关

②把刮水器开关拉到Ⅱ挡（高速挡）时，电流从蓄电池12正极→电源开关1→熔丝2→电刷B_1→电枢绕组→电刷B_2→刮水器开关13接线柱d→刮水器开关13接触片→刮水器开关13接线柱c→搭铁→蓄电池12负极。

③当开关推到"0"挡停止时，如果刮水器刮水片没有停到规定位置时，由于触点6与铜环9接触，则电流继续流入电枢，其电路为蓄电池12正极→电源开关1→熔丝2-电刷B_1→电枢绕组→电刷B_3→刮水器开关13接线柱b→刮水器开关13接触片→刮水器开关13接线柱a→触点臂5→铜环9→搭铁→蓄电池12负极。电动机以低速运转直至蜗轮旋转到图5-6左图所示的位置时，触点6通过铜环7与触点4连通，将电动机电枢绕组短路。

6. 刮水器的间歇控制

汽车刮水器的间歇控制电路有多种形式，按照间歇时间是否可调有可调节型（由刮水器开关控制）和不可调节型（雨量传感器控制）。

以同步振荡电路控制（不可调节间歇控制电路）的间歇刮水器的间歇控制工作原理如图5-7所示。刮水器的间歇控制一般是利用自动复位装置和电子振荡电路或集成电路实现的。

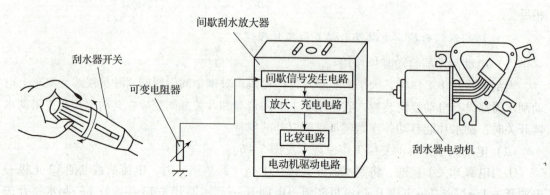

图5-7 刮水器的间歇控制原理图

7. 雨量感知智能刮水装置

（1）作用

雨量感知智能刮水装置是指刮水器的控制电路根据雨量大小自动开闭，自动调节刮水器刮水频率，并自动调节间歇时间。

（2）组成

雨量感知智能刮水装置主要由雨滴传感器、间歇刮水放大器和刮水器电动机组成。该装置由雨滴传感器取代无级调整式间歇刮水系统内设定刮雨间歇时间的可变电阻器，如图5-8所示。

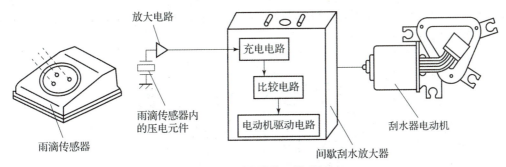

图5-8　刮水器的雨量感知

新型柔性齿条传动刮水器（见图5-9）由电动机、曲柄销、连杆、滑块、齿轮箱、柔性齿条、护管等组成。这种刮水器与一般拉杆传动式刮水器相比，具有体积小、噪声低等优点，而且可将刮水电动机总成安装在空间较大的地方，便于维修。

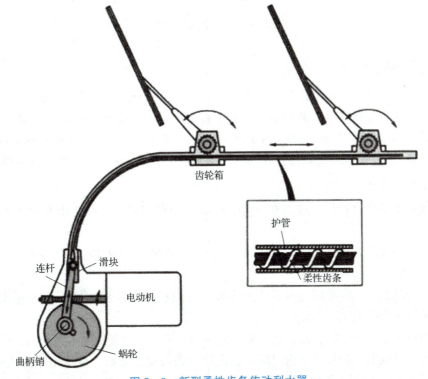

图5-9　新型柔性齿条传动刮水器

项目五　汽车辅助电气设备检修

知识点二 风窗洗涤器

1. 风窗洗涤器的作用

风窗洗涤器与刮水器配合使用，可以使汽车风窗刮水器更好地完成刮水工作并且获得更好的刮水效果。

2. 风窗洗涤装置的组成

如图 5 - 10 所示，风窗玻璃洗涤装置主要由储液罐、洗涤泵、输液管、喷嘴等组成。洗涤泵一般由永磁直流电动机和离心叶片泵组装成为一体，安装在储液罐上。洗涤泵的喷嘴安装在挡风玻璃的下面，其喷嘴方向可以调整，喷水直径一般为 0.8 ~ 1.0 mm，能将洗涤液喷射在挡风玻璃的适当位置。

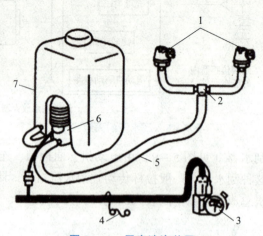

图 5 - 10 风窗洗涤装置

1—喷嘴；2—三通接头；3—洗涤开关；4—熔断器；5—输液管路；6—洗涤泵；7—储液罐

3. 风窗洗涤装置电路工作原理

以丰田卡罗拉轿车洗涤电路为例，电源开关接通后，当刮水器开关置于"PULL"挡时，刮水器电动机就在间歇继电器的控制下工作，此时电路为蓄电池（+）→电源开关→熔断器→雨刮开关→刮水器电动机，洗涤电动机→搭铁→蓄电池（-），刮水器电动机通电，按每 2 ~ 12 s 刮水一次的规律自动停止和刮水。图 5 - 11 所示为风窗洗涤装置电路原理图。

4. 风窗洗涤器的注意事项

①洗涤泵喷嘴喷水直径一般为 0.8 ~ 1.0 mm，如有堵塞，可以使用专用工具进行喷嘴疏通。

②为了增强洗涤效果，刮掉挡风玻璃上的油蜡等污物，需要使用专用洗涤液，或者在清水中加入少量的去垢和防锈剂。

③冬季气温低时，应使用凝点低的清洗液。为了防止清洗液的冻结，应根据本地区冬季最低气温选择对应的玻璃清洗液。

④风扇玻璃处于干燥状态时，请勿使用刮水器，否则容易损坏刮水器和风窗玻璃。

为保证洗涤效果，延长风窗密封胶条和刮片胶条的使用寿命，应选用添加适量去垢剂、防锈剂的专用风窗玻璃洗涤液，冬季应选用凝固温度在 -20 ℃ 以上的防冻型专用洗涤液。

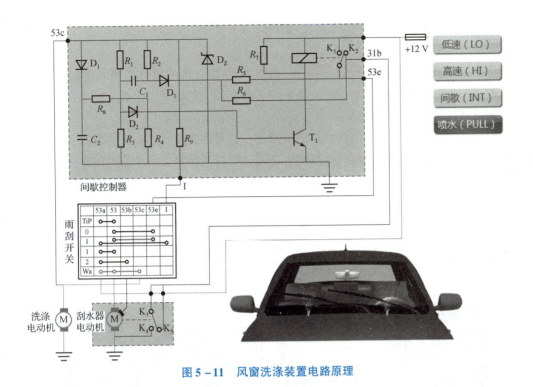

图 5 – 11　风窗洗涤装置电路原理

知识点三　风窗除雾装置

在冬季下雪的时候，或是气温较低的情况下，风窗玻璃上由于内外温差较大，易结冰霜，从而影响驾驶人的视线，用刮水器无法清除。为了防止水蒸气在风窗玻璃上凝结，汽车上都设置有风窗除霜（雾）装置。

汽车前挡风玻璃一般采用暖风加热除霜除雾，而后面的玻璃因为没有出风口一般采用电热除霜。在后窗玻璃内部均匀地镀有很多导电膜或者导热丝，电热丝在玻璃的烧结成型过程中被均匀地烧结在玻璃内部。电热丝在玻璃两侧分流，一条连接正极供电，一条负极搭铁。当驾驶员打开加热开关时，接通电源电路，电热丝开始加热，清除融化附着的雾或者冰霜。

如图 5 – 12 所示为风窗除雾电路。当除霜开关打开时，电热丝对玻璃加热，加热功率一般为 50 ~ 100 W，而且电阻一般有正温度系数特性，就是温度低时阻值小，电流大；温度高时阻值大，电流小，具备一定的自我调节作用。

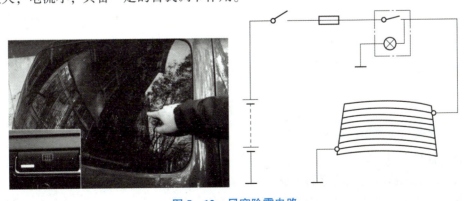

图 5 – 12　风窗除雾电路

知识点四　前照灯清洗装置

汽车在夜晚或光线较暗的行驶过程中，雨水和尘埃会将前照灯的照明度减少90%，使驾驶人的视线受到严重影响，对行驶安全来说，存在较大的隐患。因此，越来越多的车型安装了前照灯清洗装置。

前照灯清洗装置主要用在氙气大灯的车辆上，这是因为氙气灯亮度非常高，会导致对方车辆驾驶员看不清，因此一般氙气灯都配有透镜，把灯光调整在一个合理的角度，不至于影响对方驾驶员，保证行车安全。如果前照灯上有泥水、垃圾等，就会影响前照灯光线的散射，所以必须经常清洗前照灯。

前照灯清洗装置如图 5 – 13 所示，就是在前照灯的下方设一出水口，随时可以清洗前照灯的灰尘及污垢。前照灯清洗装置一般安装在汽车保险杠上，也可以使用可伸缩的延伸喷嘴支架，使其隐藏在保险杠内，或者安装在前照灯下面，或者前照灯附近下方。通过按动安装在仪表台下方的前照灯清洗装置的开关就可以直接对前照灯进行清洗。

图 5 – 13　前照灯清洗装置

任务实施

一、物料和工具领取

完成表 5 – 2 的填写。

表 5 – 2　物料和工具清单

序号	工具/物料名称	规格型号	数量	备注

二、刮水器与洗涤器的检修

①刮水器的检修。

步骤一，刮水器电动机低速的检查。

步骤二，刮水器电动机高速的检查。

②刮水器电动机自动回位试验。

步骤一，将蓄电池正极接线柱与刮水器电动机 A 端子相连，蓄电池负极接线柱与托架相连，让刮水器电动机运转。

步骤二，从蓄电池上拆下与刮水器电动机 A 端子相连的线，让刮水器电动机停止运转。

步骤三，用跨接线连接刮水器电动机 A 端子和 D 端子，并将刮水器电动机 C 端子与蓄电池正极接线柱相连，再次观察刮水器电动机运转情况，刮水器电动机应在规定位置停机。

步骤四，重复检查，观察刮水器电动机是否每次都停在规定位置。

步骤五，若不良，则说明刮水器电动机损坏，应更换。

③洗涤泵的检修。

三、刮水器和洗涤器的故障诊断

1. 刮水器常见故障诊断

①刮水器各挡位都不工作故障诊断。

②刮水器在个别挡位不工作故障诊断。

③刮水片不能自动停位故障诊断。

雨刮器的拆装

2. 洗涤器常见故障诊断

①检查储液罐内清洗液的存储量，应满足要求。

②检查熔断丝和线路连接是否良好。

③打开洗涤器开关，同时检查喷嘴。如果洗涤泵工作但喷嘴不喷液，则首先检查泵内有无堵塞，排除泵体内的任何异物；如果没有堵塞却仍不喷液，须更换洗涤泵。

④如果洗涤泵不运转，用电压表或试灯检查开关闭合时洗涤泵电动机上有无电压。若有电压，用欧姆表检查搭铁回路，若搭铁回路良好，须更换洗涤泵。

⑤在上步中，如果电动机上没有电压，须沿线路向开关查找，检测开关工作是否正常。如果开关有电压输入，但没有输出，说明洗涤器开关有故障，须更换开关。

3. 除霜（雾）装置常见故障诊断

（1）除霜（雾）装置常见故障

除霜（雾）装置常见故障是不工作。

（2）故障原因

①熔断器或控制电路断路。

②加热丝或开关损坏。

（3）故障诊断步骤

①检查熔断器是否正常。

②然后将开关接通后检查电热丝电源侧电压是否正常。

③如果电压为零或低于电源电压，应检查开关和电源电路；否则检查电热丝是否断路。

④若电热丝断路，可用润滑脂清理加热丝端部，并用蜡和硅脱膜剂清理电热丝断头，再用专用修理剂进行修补，将断点处连接起来，保持适当时间后即可使用。

4. 刮水片的更换

刮水片可分为有骨刮水片和无骨刮水片。刮水片的拆装与更换如图 5 - 14 所示。

图 5-14　刮水片的拆装与更换

步骤一，在拆下刮水片之前，要把刮水片立起来。

步骤二，按住刮水片下面中间的卡子。

步骤三，从一侧取下旧的刮水片。

步骤四，安装新的刮水片时，先将中间的卡子前端翘起来一些。

步骤五，将刮水片插入刮水器臂中间的卡子上，拉紧，当听到咔嗒一声就安装入位了。

四、刮水器不工作的常见故障及诊断

1. 检查熔断丝

目视检查熔断丝是否有灼烧发黑现象，进一步利用万用表欧姆挡测量熔断丝两端的电阻值，正常情况下应该小于 $1\ \Omega$，否则应该更换新的熔断丝。

2. 检查刮水器电动机

①按正确步骤拆下刮水器电动机。

②对刮水器电动机进行检查。

3. 检查刮水器开关

①按正确步骤拆下刮水器开关。

②对刮水器开关进行检测。

4. 检查连接电路

①检查电路连接情况。

②测量电路的接通情况。

表 5-3 列出了常见的故障现象及故障原因。

表 5-3　常见故障现象及故障原因

故障现象	故障原因
刮水器和清洗器完全不工作	刮水器及清洗器熔断丝熔断 刮水器及清洗器开关故障 线束故障等涉及整个系统工作的部位
刮水器和清洗器在某个挡位不工作	刮水器开关含继电器故障 刮水器电动机故障 线束故障等方面

故障现象	故障原因
洗涤器不工作	清洗器喷嘴堵塞 风窗玻璃清洗器储液罐内无清洗液 清洗器熔断丝熔断 清洗器开关故障 清洗器电动机故障 线束故障等方面

任务评价

各组展示成果，介绍任务完成过程、制作过程视频、运行结果视频、技术文档整理情况并提交汇报材料，进行小组自评、组间互评、教师评价，完成考核评价表5-4。

表5-4　考核评价表

序号	评价项目	评价内容	分值	自评 (30%)	互评 (30%)	师评 (40%)	合计
1	职业素养 (30分)	分工合理，制订计划能力强，严谨认真	5				
		爱岗敬业、安全意识、责任意识、服从意识	5				
		团队合作、交流沟通、互相协作、分享能力	5				
		遵守行业规范、现场6S标准	5				
		主动性强，保质保量完成工作页相关任务	5				
		能采取多样化手段收集信息、解决问题	5				
2	专业能力 (60分)	检查方法正确、规范	10				
		操作过程严肃认真、精益求精	10				
		程序设计合理、熟练	15				
		检查结果正确	10				
		技术文档整理完整	15				
3	创新意识 (10分)	创新性思维和行动	10				
	合计		100				
评价人签名：				时间：			

知识拓展

智能雨刷，又叫智能雨刷控制器、自动雨刷、自动雨刮、雨量传感器、雨水传感器等，如图 5-15 所示，它通过感应汽车挡风玻璃上的降雨情况自动调整刮雨速，省去了手动调整雨刷速度的麻烦，是一款全新的智能化产品。

智能雨刷是一种高科技的智能光电产品。它通过红外线对挡风玻璃外侧的降雨进行探测，然后进行智能识别，准确判断雨量大小，自动开启并调节刮水速度的快慢。智能雨刷已广泛应用于各种高档轿车之上。

图 5-15 智能雨刷

雨刷大致可以分为两种，一种是传统的间歇式雨刷，这也是使用最多的一种，雨刷速度可以根据雨量影响驾驶的视线分三至四级，通过驾驶员进行手动调整。尽管汽车变得越来越容易驾驶、可靠，但是繁忙的交通、恶劣的气候、危险的道路条件等因素仍然会干扰驾驶员，使其不能把注意力完全放在驾驶上。驾驶传统雨刷的汽车，在雨中行进的时候，还要分心去调整雨刷，无疑分散了驾车员的注意力，对于行车安全很有影响。

另一种是广泛用于中高级车型上的智能雨刷，智能雨刷可以根据雨量自动调整速度。使用智能雨刷的车辆，无疑更安全更舒适。上海智机汽车电子最新开发的智能雨刷控制器，就是这样一款高科技智能雨刷产品。它是我们根据光学原理，集中各个行业的高级人才，整合电子、光学与单片机等技术，经过长时间的研究与试验，开发出的具有国际先进水平的产品。智能雨刷是一种高科技的智能光电产品。它通过红外线对挡风玻璃外侧的降雨情况进行探测，然后进行智能识别，准确判断雨量大小，自动开启并调节汽车雨刷的快慢。智能雨刷技术先进，智能化高，安装简便，使用简单，是各种汽车的良好伴侣。

课后练习

课程思政故事

一、填空题

1. 电动刮水器按动力源不同可以分为_____、_____和_____。
2. 电动刮水器主要由_____、_____两部分组成。

3. 永磁式电动机是通过改变_____来进行调速的。

4. 洗涤器是由_____、_____、_____等组成的。

5. 使用洗涤器时，应该先开_____，然后以一定压力喷射到挡风玻璃上湿润尘土，而后再开动_____，利用摆动挂掉灰尘污物。

6. 通过改变刮水器电动机两电刷之间的_____来改变直流电动机的转速。

7. 当刮水器停止工作时，为了避免刮水片停在挡风玻璃中间，影响驾驶员视线，汽车上电动刮水器都设有_____装置。

二、简答题

1. 刮水器不能正常工作的可能故障点在哪些位置？

2. 刮水器不能正常工作故障如何检测？

三、赛证练习

准备"1＋X"职业技能领域职业技能等级标准考核用车1辆，并备齐考核用的相关工具、设备后，进行以下技能等级考核试题的练习。

考核项目：安全舒适系统检测维修【实操考核报告】					
一、车辆信息记录					
品牌		整车型号		生产日期	
发动机型号		发动机排量		行驶里程	
车辆识别码					
二、检测刮水器系统电路，找出导致刮水器工作异常的故障元件，记录故障元件相关信息，进行故障原因说明，并修复故障元件					
故障现象					
故障码					
数据流					
刮水器相关电路图位置				记录所查询的电路图在维修手册中的位置	
可能故障原因分析：刮水器□ 电路线束□ 刮水器调速模块□ 保险丝□ 开关□					
检测项目	检测结果			判断	
刮水器工作电压				正常□ 异常□	
刮水器调速模块信号电压				正常□ 异常□	

考核项目：安全舒适系统检测维修【实操考核报告】		
二、检测刮水器系统电路，找出导致刮水器工作异常的故障元件，记录故障元件相关信息，进行故障原因说明，并修复故障元件		
刮水器调速模块 供电电压		正常☐　异常☐
保险丝		正常☐　异常☐
故障说明		
故障元件：		
故障机理分析：		

任务二

电动后视镜的检修

任务描述

张工在丰田4S店做维修接待工作三年了，某天一客户李先生开着一汽丰田卡罗拉轿车来到4S店维修，行驶里程为9万千米，车主反映说在车辆行驶过程中，打开电动后视镜开关，发现该车右侧后视镜不能转动。

假如你是张工，请你负责该车的接待维修工作，为李先生介绍汽车电动后视镜的组成、功能及正确使用方法，并且根据该车的故障现象完成初步检查，分析具体的可能故障原因，根据电动后视镜的工作原理和控制电路对故障进行诊断排除。

学习目标

目标类型	目标要求
知识目标	了解后视镜的作用与分类
	掌握后视镜的组成结构和工作原理
	掌握后视镜的使用注意事项
技能目标	具有会调整、操作、演示电动后视镜功能的能力
	能对常见的后视镜故障进行诊断维修
	能够对电动后视镜电路进行故障诊断与排除
思政目标	在任务学习中，通过电动后视镜电路诊断原理分析，掌握识读技巧，提升自身的智力，提高自身的观察力、想象力、思考力、判断力、推理力、逻辑思维能力

任务准备

将班级学生分组，3人或4人为一组，由轮值安排生成组长，使每个人都有锻炼组织协调和管理能力的机会。每人都有明确的任务分工，机电维修组长1人，机电维修中工1人，

机电维修学徒 1~2 人，模拟任务实施过程，培养团队合作、互帮互助精神和协同攻关能力。任务分组见表 5-5。

表 5-5 任务分组

组长		组名		指导老师	
团队成员	学号	角色指派		备注	
		机电维修组长		任务进度安排	
		机电维修中工		任务主实施	
		机电维修学徒		任务协助实施	
		机电维修学徒		任务协助实施	

任务引导

引导问题 1：后视镜的分类有哪些？

引导问题 2：后视镜的结构原理是什么？

引导问题 3：一般常用汽车电动后视镜如何调节到合适的位置？

知识链接

一、电动后视镜的作用

电动后视镜的检修

车外两侧的后视镜有助于驾驶员观察车辆后方和两侧的情况，对驾驶员安全行车和驻车都非常重要。电动后视镜系统是指车外两侧的后视镜可以通过电动方式实现调整，大大地方便了驾驶员。电动后视镜具有非常显著的优点，一是驾驶员可以在车内通过按钮对电动后视镜的角度进行调节，以获得良好的后方视域；二是驾驶员调节右侧车外电动后视镜时不再因距离远而难以操作；三是驾驶员在倒车时，通过调节功能让电动后视镜向下翻（前进挡时电动后视镜会自动回位），便于观察车辆与路边的距离，避免剐蹭。

后视镜作为汽车重要的安全附件，人们对其提出了越来越高的要求。目前在一些高档汽车上配置的电动后视镜已具有防炫目、防雨雾模糊、防灰尘污染等功能，且通过减小体积来减小汽车高速行驶的阻力，从而提高汽车的动力性和经济性。图 5-16 所示为电动后视镜。

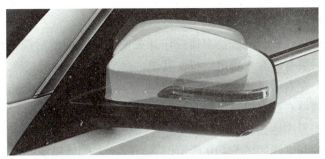

图 5 – 16　电动后视镜

二、电动后视镜的组成

电动后视镜作为汽车后视镜的一种，是以电动机控制方式取代手动调整后视镜的角度，电动后视镜一般由镜片、驱动电机、控制电路及操纵开关等组成，如图 5 – 17 所示。

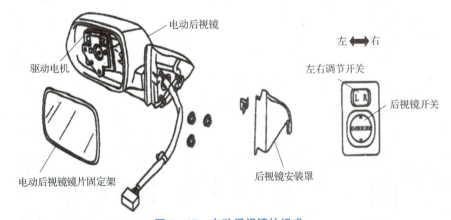

图 5 – 17　电动后视镜的组成

电动后视镜由车门内饰板或仪表板上的选择开关和调节开关联合控制。选择开关用于选择要调节的是左边还是右边的电动后视镜，调节开关则是控制镜片在上、下、左、右 4 个方向的摆动。每个后视镜内装有 2 个微型电动机，通过调节开关可改变电动机的电流方向，使电动机驱动后视镜做上、下、左、右摆动调整，直到后视镜的反射视野范围达到预期目的。后视镜调节开关及安装位置、实物如图 5 – 18 所示。

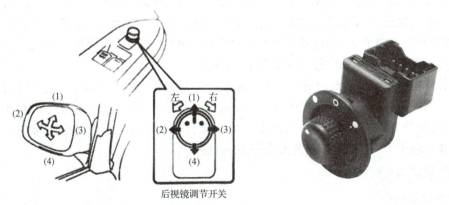

图 5 – 18　电动后视镜开关图

三、电动后视镜的工作原理

对于电动调节的后视镜，驾驶员只需操作开关便能将外面的后视镜调整到合适的位置。电动后视镜镜片背后装有两套永磁电动机，其中一套电动机能使后视镜上下偏转，另一套能使后视镜左右偏转。左右后视镜由一个开关控制，一般采用顺时针或逆时针旋转确定左或者右后视镜。例如要调整右后视镜需先将开关顺时针转动一下，然后按上、下、左、右操作开关，右后视镜便可按操作达到相应的位置。

电动后视镜的控制电路如图 5 – 19 所示。下面以"左侧后视镜向左调整""右侧后视镜向下调整"为例，来说明其工作过程。

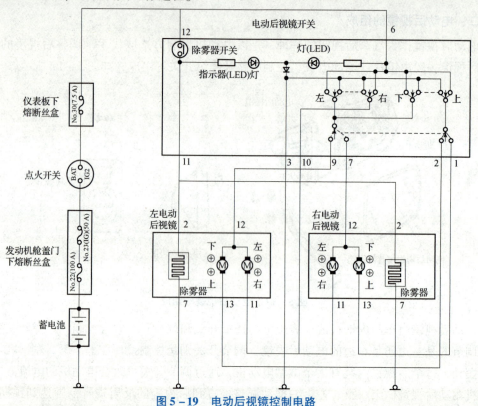

图 5 – 19　电动后视镜控制电路

左侧后视镜向左调整：此时选择开关左侧接通，调整开关向左接通。其电流流向为：蓄电池正极→发动机舱盖门下熔断丝盒→点火开关→仪表板下熔断丝盒→后视镜控制开关端子 6→后视镜控制开关端子 9→左电动后视镜电动机端子 12→左电动后视镜电动机端子 11→后视镜控制开关端子 10→后视镜控制开关端子 3→搭铁。

右侧后视镜向下调整：此时选择开关右侧接通，调整开关向下接通。其电流流向为：蓄电池正极→发动机舱盖门下熔断丝盒→点火开关→仪表板下熔断丝盒→后视镜控制开关端子 6→后视镜控制开关端子 7→右电动后视镜电动机端子 12→右电动后视镜电动机端子 13→后视镜控制开关端子 1→后视镜控制开关端子 3→搭铁。

四、后视镜的先进技术

1. 防模糊后视镜

防模糊后视镜可以防止雨天行车时，因雨水沾附而干扰驾驶员视线。如在后视镜中加入超声波除雨滴装置，当打开开关后，控制电路中激振控制器使压电振子产生高频振动，使附着在镜片上的水滴雾化，同时，加热器使雾化的水滴蒸发。此装置也可用于冬季除霜。也可在后视镜制造过程中引进亲水处理技术，使其具有防模糊雾化功能。这种后视镜的镜膜，当被水淋之后，膜上的水珠被光照射会扩散成薄膜，不妨碍视线。该膜还具有分解镜面附着的灰尘和雾水的作用，可以自清洗、免维护，使用十分简便。

2. 防炫目后视镜

电动后视镜防炫目功能是指后方车辆前照灯的强光照射车内反射镜时会使得驾驶员感到晃眼，而两侧后视镜及车内后视镜的镜面会自动变暗，为驾驶员提供一个安全的驾驶环境。

防炫目的工作原理：车内后视镜装有两个光敏二极管，一个安装在后视镜正面，一个安装在背面，它们分别接收汽车前面及后面射来的光线。当后车的前照灯射在车内后视镜上时，从两个光敏二极管的信号比较可以判断后面的光线强于前面的光线，于是电子控制器就会施加电压给两侧后视镜及车内后视镜面的电离层，将它们的颜色变深，后面射来的强光就会被镜面吸收掉很大一部分，余下反射到驾驶员眼内的光线就变得柔和很多，驾驶员就不会再感到刺眼了。

3. 自动折叠后视镜

自动折叠后视镜是指汽车两侧的后视镜在车辆通过狭窄路段或者停车时可以收缩起来，当后视镜碰到障碍物时，后视镜内部的避让电动机会令后视镜自动旋转，自动避开障碍。自动折叠后视镜的作用体现在：通过狭窄路段时可以提高车辆的通过性，停车时可以缩小停车泊位空间，也可以有效保护镜面，避免后视镜与物体刮擦。大多数车辆的后视镜折叠按钮位于驾驶员座位旁的控制玻璃升降按钮区域附近。

五、丰田卡罗拉电动后视镜系统电路

图 5 - 20 所示为丰田卡罗拉汽车电动后视镜系统电路，ACC 熔断丝控制两侧后视镜的供电，后视镜控制开关为组合式开关，由后视镜选择开关和后视镜调整开关组成，下面以"左侧后视镜向右调整""右侧后视镜向上调整""后视镜折叠"为例来说明其工作过程。

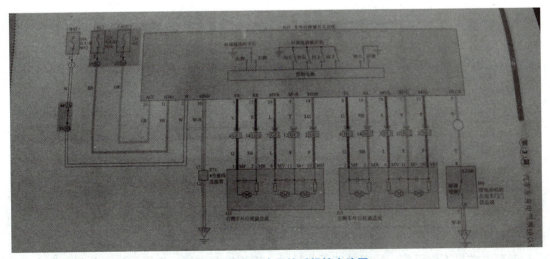

图 5 - 20　丰田卡罗拉后视镜电路图

左侧后视镜向右调整：使后视镜选择开关的"左侧"触点闭合，使调整开关的"向右"触点闭合。此时电流方向为：蓄电池正极→ACC 熔断丝→E25 车外后视镜开关总成端子21→E25 车外后视镜开关总成端子7→左侧车外后视镜总成端子11→电动机→左侧车外后视镜总成端子10→E25 车外后视镜开关总成端子17→E25 车外后视镜开关总成端子10→4 号接线连接器→搭铁。

右侧后视镜向上调整：使后视镜选择开关的"右侧"触点闭合，使调整开关的"向上"触点闭合，其电流方向为：蓄电池正极→ACC 熔断丝→E25 车外后视镜开关总成端子21→E25 车外后视镜开关总成端子24→右侧车外后视镜总成端子6→电动机→右侧车外后视镜总成端子11→E25 车外后视镜开关总成端子4→E25 车外后视镜开关总成端子10→4 号接线连接器→搭铁。

后视镜折叠：使折叠开关的"折叠"挡位闭合，其电流方向为：蓄电池正极→A0 熔断丝→E25 车外后视镜开关总成端子21→E25 车外后视镜开关总成端子15/16→左侧车外后视镜总成端子2/右侧车外后视镜总成端子2→左侧折叠电动机/右侧折叠电动机→左侧车外后视镜总成端子1/右侧车外后视镜总成端子1→E25 车外后视镜开关总成端子5/6→E25 车外后视镜开关总成端子10→4 号接线连接器→搭铁。

任务实施

一、物料和工具领取

完成表 5 - 6 的填写。

表 5 - 6　物料和工具清单

序号	工具/物料名称	规格型号	数量	备注

二、电动后视镜保险丝的检查

当电动后视镜有故障时，具体表现为后视镜不能被操纵控制，此时可以进行如下检查：首先检查熔丝和断电器，然后用万用表测试开关总成。

如果开关完好，应用 12 V 电源的跨接线检查电动机的工作情况，换线换向时，电动机也应该根据电路方向转动。

如果电动机工作正常，后视镜却不能转动，应该检查连接后视镜控制开关和车门或者仪表板金属件的搭铁情况。

所以，第一步是检查电动后视镜的熔断丝是否断路。在点火开关接通至点火挡的情况下，检查 ACC、BAT 和 IG 三个保险熔断丝，保险上下游两端均有 12 V 以上电压。如果测量得到保险上游电压为 12 V，下游为 0 V，说明保险熔断丝断路。

三、电动后视镜的开关检查

查询维修手册和电路图，检查电动后视镜开关的连接端子，通过检查其导通性验证开关是否正常工作。如果不正常工作，则更换开关总成。检查开关在不同位置时端子的导通性，验证开关是否正常工作。如果对应开关不导通，说明此开关故障。

四、电动后视镜的电动机检查

电动后视镜电动机的检查项目包括：

后视镜的拆装

（1）电动机的电阻正常是 26 Ω 左右。

（2）把蓄电池的正负极直接连接后视镜电动机的正负连接端子，电动机能够正常运转。

五、电动后视镜常见故障诊断与排除

（1）首先检查熔断丝和断电器（过载保护），然后用万用表测试开关总成。

（2）如果开关完好，应用 12 V 电源的跨接线检查电动机的工作情况。

（3）如果电动机工作正常，而后视镜仍不转动，应检查连接后视镜控制开关和车门或仪表板金属件的搭铁情况。

电动后视镜常见的故障及其排除方法如表 5-7 所示。检查时应首先检查熔断丝、电路连接和搭铁情况是否良好，再检查开关和电动机是否良好。可按上述的顺序和表5-7进行故障原因的分析和检修。

表 5-7　电动后视镜的常见故障及其排除方法

故障现象	故障原因	故障排除方法
电动后视镜均不能工作	熔断丝熔断 搭铁不良 后视镜开关损坏 后视镜电动机损坏	检查确认熔断丝后更换 修理 更换 更换
一侧电动后视镜不能动	后视镜开关损坏 电动机损坏 搭铁不良	更换 更换 修理
一侧电动后视镜上下方向不能动	上下调节电动机损坏 搭铁不良	更换 修理
一侧电动后视镜左右方向不能动	左右调节电动机损坏 搭铁不良	更换 修理

任务评价

各组展示成果，介绍任务完成过程、制作过程视频、运行结果视频、技术文档整理情况并提交汇报材料，进行小组自评、组间互评、教师评价，完成考核评价表5-8。

表5-8　考核评价表

序号	评价项目	评价内容	分值	自评（30%）	互评（30%）	师评（40%）	合计
1	职业素养（30分）	分工合理，制订计划能力强，严谨认真	5				
		爱岗敬业、安全意识、责任意识、服从意识	5				
		团队合作、交流沟通、互相协作、分享能力	5				
		遵守行业规范、现场6S标准	5				
		主动性强，保质保量完成工作页相关任务	5				
		能采取多样化手段收集信息、解决问题	5				
2	专业能力（60分）	检查方法正确、规范	10				
		操作过程严肃认真、精益求精	10				
		程序设计合理、熟练	15				
		检查结果正确	10				
		技术文档整理完整	15				
3	创新意识（10分）	创新性思维和行动	10				
	合计		100				
评价人签名：				时间：			

知识拓展

传统汽车后视镜位于汽车头部的左右两侧，驾驶员可以通过后视镜观察汽车左后及右后方路况，扩大驾驶员的视线范围，从而起到安全驾驶的目的。传统汽车后视镜是以物理方式承载的一种汽车安全辅助工具，从诞生至今，无论是在外观和结构方式上，燃油车上都鲜有变革，并且有不少先天缺陷。

①存在视线盲区，仅靠较小的曲面玻璃很难呈现车辆两侧及后方的全部视野，日常驾驶

中注意力不集中极易出现事故。

②雨雪天气对后视镜清晰度影响较大，由于雨雪天非常容易出现车内和车外的温度差，从而使车玻璃起雾，这种情况下后视镜的使用存在很大干扰，即便后视镜的加热功能也并不能改变车窗的二次阻隔影响。

③增加风阻，主机厂在研发新车外形时首要考虑的就是风阻，风阻和油耗是直接相关的，别小看两个小小的后视镜，数据表明，后视镜在实际行驶中可以增加3%~6%的风阻。

④增加车身宽度以及后视镜夜间反光问题，这两点严格来说不能算缺陷，已经有自动折叠功能和防炫目功能，所以只是属于还可以优化的问题。

正是基于以上的问题，汽车厂家开始寻求完美后视镜解决方案。在不断研发中，汽车后视镜的功能不断完善，比如加热功能可以减少雨水对后视镜的影响，盲区监测可以弥补驾驶员的视线缺失，防炫目功能可以减少夜间行车灯光干扰，自动折叠功能方便车主通过某些特殊道路。但是这些解决方式都是在传统后视镜的基础上增加的辅助功能，直到智能电子后视镜（见图5-21）的出现，才算是从设计层面彻底颠覆了这一传统汽车部件。

图5-21 智能电子后视镜

智能电子后视镜简单来说，就是通过在后视镜位置安装摄像系统，然后通过车内电子屏显示车况。其实早在2015年，汽车零部件巨头博世和麦格纳就推出了自己的智能电子后视镜系统，但当时的乘用车厂商接受度低，因此这套系统最先应用于卡车群体。卡车的视线盲区相较于乘用车更大，也更适合这套系统的应用。智能电子后视镜在卡车领域获得了非常好的评价和认可，由于安装了智能电子后视镜，卡车司机在日常驾驶中大大减少了因盲区而引发的交通事故，实践结果表明，智能电子后视镜相较于传统后视镜优势明显，此后很多主机厂针对智能电子后视镜开始进行研发投产工作。

最早决定装配智能电子后视镜并量产的汽车品牌是奥迪的e-tron系列，但是由于这款车的上市一直延期，实际真正上路的应用智能电子后视镜的汽车品牌是雷克萨斯ES（见图5-22），这款车于2020年正式上市，而奥迪e-tron在2018巴黎车展亮相后，直到2021年才正式上市。

这两款新能源汽车都是采用了智能电子后视镜，并且处于量产上市的阶段。汽车智能电子后视镜从技术层面来讲，可以很好地解决上述提到的几点问题，并且未来的智能汽车势必会集成更多此类科技化的部件，而汽车智能电子后视镜作为自动驾驶的辅助项目，也是汽车

图 5 – 22　雷克萨斯 ES 智能电子后视镜

变革的趋势之一。这套设备相较于传统后视镜，无论是在成本还是后续保养方面都是要增加不少费用的，这也是智能电子后视镜推广所遇到的核心问题。未来如何降低成本和适应革新后的驾驶方式，不仅仅是车企需要做的事情，同样也需要全球各国对于智能化汽车的道路驾驶规则和方式细化的推进。相信以新能源汽车作为弯道超车的中国汽车企业，在将来会主导汽车产业的全面革新。

课后练习

课程思政故事

一、判断题

1. 当汽车在雨、雪、雾等天气行驶时，后视镜可以通过镜片后的电热丝加热，除去镜面上的雨水或者雾气，确保镜片表面清晰，保证行车安全。（　　）

2. 防炫目后视镜一般是通过光学原理抑制炫目的。（　　）

3. 根据法律要求，汽车上必须安装后视镜。（　　）

二、单选题

1. 电加热后视镜可以将镜片加热到（　　），以达到除霜除雾的目的。

A. 20～30 ℃　　　　B. 30～60 ℃　　　　C. 60～80 ℃　　　　D. 85～105 ℃

2. 在电动后视镜中，一般一个电动机可以完成后视镜（　　）个方向的调整。

A. 2　　　　　　　　B. 3　　　　　　　　C. 4　　　　　　　　D. 5

3. 带伸缩功能电动后视镜背面有（　　）个电动机驱动。

A. 1　　　　　　　　B. 2　　　　　　　　C. 3　　　　　　　　D. 4

4. 一侧后视镜不能转动的故障会是（　　）。

A. 电动机损坏　　　B. 后视镜开关损坏　　C. 线路断路　　　D. 以上均有可能

三、简答题

准备"1＋X"职业技能领域职业技能等级标准考核用车 1 辆，并备齐考核用的相关工具、设备后，进行以下技能等级考核试题的练习。

考核项目：安全与舒适系统检测维修【实操考核报告】					
一、车辆信息记录					
品牌		整车型号		生产日期	
发动机型号		发动机排量		行驶里程	
车辆识别码					

二、检测电动后视镜系统电路，找出导致后视镜工作异常的故障元件，记录故障元件相关信息，进行故障原因说明，并修复故障元件

故障现象			
故障码			
数据流			
电动后视镜相关电路图位置		记录所查询的电路图在维修手册中的位置	

可能故障原因分析：保险丝☐　后视镜开关☐　后视镜电动机☐　电路线束☐

检测项目	检测结果	判断
保险丝		正常☐　异常☐
后视镜开关		正常☐　异常☐
后视镜电动机		正常☐　异常☐
电路线束		正常☐　异常☐
故障说明		

故障元件：

故障机理分析：

任务三
电动座椅系统的检修

任务描述

张工在某丰田4S店做维修接待工作，有一天，车主李先生开着他的丰田卡罗拉汽车来到丰田4S店维修，反映该车电动座椅无法调节位置的情况，要求对该车的电动座椅系统进行检查并且恢复使用功能。

假如你是丰田4S店做维修接待工作的张工，请你负责接待李先生，为李先生介绍电动座椅系统的组成、功能及正确使用方法，完成李先生电动座椅系统的检查，并向李先生介绍汽车电动座椅系统的工作原理，完成关于电动座椅系统故障的诊断与排除。

学习目标

目标类型	目标要求
知识目标	了解电动座椅的作用与分类
	掌握电动座椅的组成结构和工作原理
	掌握电动座椅的使用注意事项
技能目标	具有会操作电动座椅控制开关并演示其功能的能力
	会检测其控制开关、电动机
	能够对其电路进行故障诊断与排除
思政目标	在任务学习中，通过了解汽车技术的发展、舒适系统的应用等知识，讨论技术与产品的关系，理智与情感、主观与客观的具体统一

任务准备

将班级学生分组，3人或4人为一组，由轮值安排生成组长，使每个人都有锻炼组织协调和管理能力的机会。每人都有明确的任务分工，机电维修组长1人，机电维修中工1人，机电维修学徒1~2人，模拟任务实施过程，培养团队合作、互帮互助精神和协同攻关能力。任务分组见表5-9。

表 5-9　任务分组

组长		组名		指导老师	
团队成员	学号	角色指派		备注	
		机电维修组长		任务进度安排	
		机电维修中工		任务主实施	
		机电维修学徒		任务协助实施	
		机电维修学徒		任务协助实施	

任务引导

引导问题 1：如何调节电动座椅？

引导问题 2：如何分辨普通电动座椅、带记忆功能电动座椅、座椅加热系统？

引导问题 3：带记忆功能的电动座椅如何使用维护？

知识链接

电动座椅的检修

一、电动座椅的作用及要求

1. 电动座椅的作用

电动座椅（见图 5-23）指以电动机为动力，通过传动装置和执行机构来调节座椅的各种位置，为驾驶员提供便于操作、舒适而又安全的驾驶位置，为乘客提供不易疲劳、舒适而又安全的乘坐体验。它可以满足不同体型驾驶员及乘客对座椅的个性化要求。电动座椅因为操作方便、结构简单而被广泛使用。

2. 对电动座椅的要求

①布置要合适，尤其是驾驶员的座椅。
②符合人体生理功能，力求舒适、美观。
③采用最经济的结构，尽可能地减少质量。
④安全可靠、具有充分的强度、刚度与耐久性。
⑤应有良好的减振特性。
⑥应具有各种调节机构。

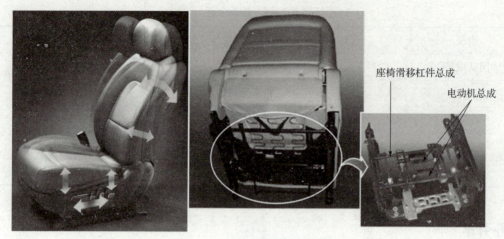

图 5 – 23　电动座椅及其结构

二、电动座椅的分类及组成

1. 电动座椅的分类

按照有无加热器，电动座椅可分为无加热器式与有加热器式两种；按照电动机的数量，分为单电动机式、双电动机式、三电动机式、四电动机式；按照有无记忆功能分为普通式电动座椅、有存储功能式电动座椅。常见的电动座椅如图 5 – 24 所示。

座椅加热按钮

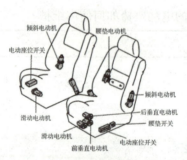

座椅上的电动机

带存储功能的电动座椅控制开关

带通风加热功能的电动座椅

带电动按摩功能的电动座椅

带放倒功能的电动座椅

图 5 – 24　常见的电动座椅

2. 电动座椅的组成

现代轿车的前排电动座椅，可进行座椅的前后位置、座椅的靠背位置、座椅的倾斜位置、座椅的高度位置共计 8 个方向的调节。如图 5 – 25 所示，其主要由座椅调节开关、直流电动机、传动装置、控制器（ECU）等组成。电动机采用永磁双向直流电动机。如要完成 8

个方向的调节，则需要 4 个电动机来完成。

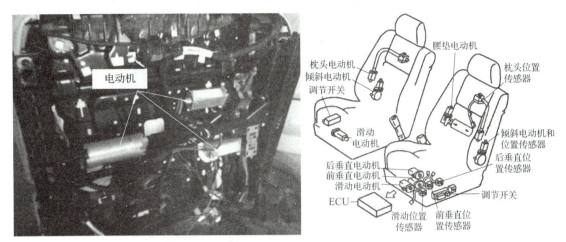

图 5 -25　电动座椅组成结构图

（1）电动机

电动座椅中使用的电动机一般为永磁式双向直流电动机，通过控制开关来改变电动机内部的电流方向，从而实现转动方向的改变。

（2）座椅开关

座椅开关主要用来调整座椅的各种位置。按下此开关后，电控单元就会控制电动机运转，按照相应的要求调整座椅的位置。

（3）传动装置

电动座椅的传动装置包括变速器、连轴节、软轴及齿轮传动机构等。变速器的作用是降速增力矩。联轴节分别与软轴相连，软轴再和变速器的输入轴相连，动力经过变速器的降速增矩后，从变速器的输出轴输出，变速器的输出轴与蜗杆轴或者齿轮轴相连，最终蜗轮蜗杆或者齿轮齿条带动座椅支架产生位移。

（4）控制装置 ECU

ECU 主要靠控制手动调节开关的座椅位置调节装置，也能根据从转向柱倾斜电动机与ECU、位置传感器等送来的信号存储座椅位置。它根据驾驶员的不同体型和喜好的驾驶姿势使自动调节系统在 ECU 存储两种不同的座椅位置，按下 1 或者 2 开关，ECU 即可将座椅调节到驾驶员所期望的位置。

三、电动座椅控制电路原理

电动座椅控制电路如图 5 -26 所示，该电动座椅包括滑动电动机、前垂直电动机、倾斜电动机、后垂直电动机和腰垫电动机，可以实现座椅的前后调节、前部高度调节、靠背倾斜程度调节、后部高度调节及腰垫前后调节。

以座椅靠背的倾斜调节为例，介绍控制过程。调整靠背向前倾斜，则闭合倾斜电动机的前进方向开关，即端子 4 处于左位时，电路为：蓄电池正极→FLALT→DOOR CB→端子14→倾斜开关“前”开关→端子 4→1（2）端子→倾斜电动机→2（1）端子→端子 3→端子 13→搭铁。此时座椅靠背前移。

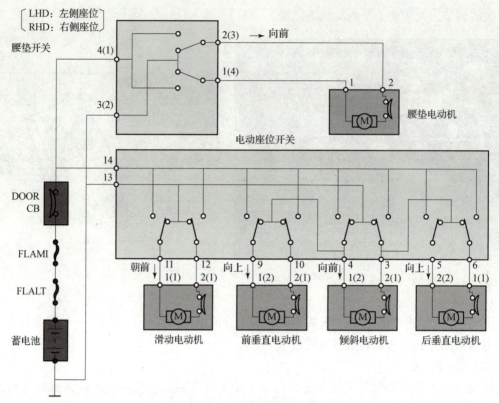

图 5-26 电动座椅控制电路图

端子 3 置于右位时，倾斜电动机反转，座椅靠背后移。电路为：蓄电池正极→FLALT→FLAMI→DOOR CB→端子 14→倾斜开关"后"开关→端子 3→2（1）端子→倾斜电动机→1（2）端子→端子 4→端子 13→搭铁。

对于带存储功能的电动座椅电路，目前许多高档轿车有存储功能式的电动座椅，其系统控制示意图如图 5-27 所示，主要由电控部分和执行器等组成，4 个位置传感器用来检测座椅的设定位置。当座椅位置设定后，驾驶员按下存储器的按钮，单片微型计算机就把这些电压信号记忆在存储器中，作为重新调整位置时的基准。再次使用时只要按指定的按键开关，座椅就会自动地调节到预先设定的座椅位置上。

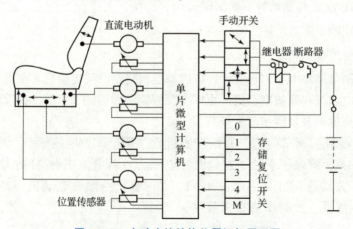

图 5-27 电动座椅结构位置记忆原理图

为提高汽车的乘坐舒适性，有些轿车的座椅空间位置由电动机驱动调整。电动座椅调整系统，按座椅移动的方向数目可划分为两方向、四方向和六方向的。图5-28所示为汽车电动座椅控制原理图，有向上、向前、向后、向下、前俯和后仰6个调整方向，且靠背倾斜角度可调。有些汽车电动座椅除以上功能外，座椅的头枕、扶手等都可调节。电动座椅的调节系统由电动机、开关和传动装置组成。电动机为双向永磁式的，座椅的调节功能越多，电动机的数量越多。调节开关可控制电动机的电流方向，从而使电动机具有两个转动方向。

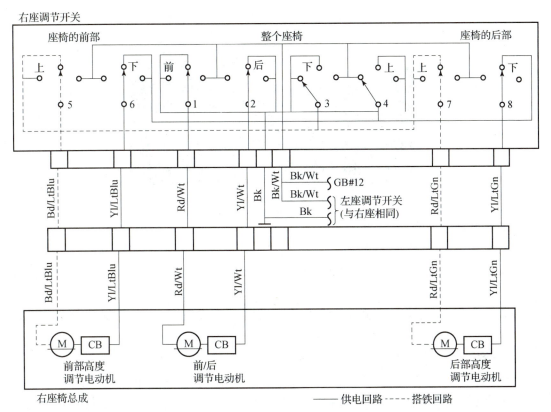

图5-28 电动座椅控制原理图

四、电动座椅新技术

1. 座椅加热技术

座椅加热是利用座椅内的电加热丝对座椅内部加热，并通过热传递将热量传递给乘坐者，改善冬天时座椅因长时间停放后座椅过凉造成的乘坐不舒适感。

座椅加热技术一般出现在选用真皮材料座椅的车辆上，由于真皮座椅表面材料在冬季温度较低，到了冰冷的冬天，刚上车坐下去感觉座椅非常冰冷。现在有了座椅加热技术后，即使再冰冷的冬天，刚上车坐下去，座椅也是温暖舒适的。

座椅加热器的基本结构设计是：下层是一层无纺布，加热丝布置在无纺布上，用固定胶带将加热丝固定在无纺布上，针织布盖在固定胶带上，并用针织线缝制成类似座椅加热处的形状，缝合在座椅罩内。为了提高车内乘员的舒适性，控制座椅加热温度在一定的范围内，在座椅加热垫内布置了2个温度控制器：① (50 ± 5)℃断开，(30 ± 5)℃接通；② (43 ± 5)℃断开，(23 ± 5)℃接通。靠背加热器通过插接件连接到坐垫加热

器电源上，坐垫加热器电源通过插接件连接到仪表板线束上，再经过座椅加热开关、熔断丝、点火开关连到蓄电池电源上。

大多数电加热装置都有温度可调节的功能。后排座椅加热一般配备在豪华车或高配置车型上。如奔驰 S 级、宝马 7 系、奥迪 A8 等。不过随着技术的发展，座椅加热技术已经普及应用到普通的汽车上，不再是豪华车的专用配置。

图 5 – 29 所示为电动座椅加热技术原理示意图。

图 5 – 29　电动座椅加热技术原理

座椅加热注意事项：

①座椅加热装置只有在点火开关打开时才能起作用。

②为了保护座椅加热装置的加热部件，请不要跪在座椅上或对座面和靠背施加点状负载。

③如果车载电压下降，座椅加热装置将自动关闭，以保证为发动机控制系统提供足够的电能。

④停车后及时关闭座椅加热并通风，防止下次启动时，用电负荷过大。

⑤加热座椅不要再加装过厚的坐垫，以防座椅异常过热，导致故障。

⑥在起动发动机后打开座椅加热开关，这样可以有效地节约蓄电池能量，延长蓄电池寿命。

2. 座椅通风技术

座椅通风是汽车座椅空调的"避暑装置"。夏季虽然有自动空调能够保持车内恒定温度，但由于乘员身体与座椅紧密接触，接触部分区域空气不流通，不利于汗液排除，会使人感觉不舒服。座椅通风空调独有的通风循环系统，源源不断地将新鲜空气从座椅坐垫与靠背上的小孔流出，防止臀部与后背积汗，提供舒适的乘坐环境，有效改善了人体与椅面接触部分的空气流通环境，即使长时间乘坐，身体与座椅的接触面也会干爽舒适。

通风座椅分为送风式和吸风式，座椅通风的原理就是用风扇向座椅内注入空气，空气从椅面上的小孔中流出，从而实现通风功能。座椅通风有效改善了人体与椅面接触部分的空气流通环境，即使长时间乘坐，身体与座椅的接触面也会干爽舒适。

座椅通风内总共有 9 个轴向流动风扇集成在座椅内的优质泡沫填料中：4 个位于靠背中，5 个位于座椅中。风扇抽取新鲜的客舱空气进入座椅内，并引导空气通过透气的中间层，将空气均匀分配在整个座椅范围内。内饰中的特殊穿孔使得空气能够通过真皮，将排汗保持在最低水平。不同的车型，可相应使用中控台上或者座椅本身上的一个控制装置控制三挡风扇。最高风扇转速能立刻冷却被阳光直射加热过的座椅，即使在夏季也能确保登车后的舒适。

图 5-30 所示为电动座椅通风原理示意图。

图 5-30　电动座椅通风原理

3. 座椅按摩功能

座椅涉及电子学、人体工程学、工业设计学等方面的领域，随着汽车技术的发展，轿车座椅已从一个简单的部件发展到一个比较复杂和精确程度要求比较高的部件。汽车座椅的功能逐渐被延伸，已经不仅仅拘泥于提供良好的驾驶、乘坐姿态。在高档轿车上，设计人员赋予了汽车座椅按摩、通风的功能，以满足消费者日益增长的需求。

为方便后排乘客在出差或旅行过程中身体放松，宝马7系后排座位提供有特殊装备的按摩坐垫。集成在靠背内的 12 个按摩元件通过波浪形运动保障背部肌肉组织的放松。6 个转动元件使得肩膀外侧区域、胸廓中部以及腰椎区域的肌肉组织达到放松。通过部分旋转首先使右肩膀外侧区域、腰部右下区域以及胸廓中部左侧得以运动舒缓。各个部位的按摩动作不断进行更换。一个完整的按摩循环可持续 64 s 并可以一再重复。

个别轿车中还装有按摩座椅，如图 5-31 所示。这种内置式按摩装置安装在汽车座椅内，在关闭状态时，坐在座椅上感觉没有任何不适，与普通座椅没有区别；在开启状态时，有带节奏敲打的感觉，力度和速度可以由驾驶人进行调节。按摩功能可以缓解驾乘疲劳，促进腰部血液循环，有利于保证乘员长期乘坐的舒适体验。

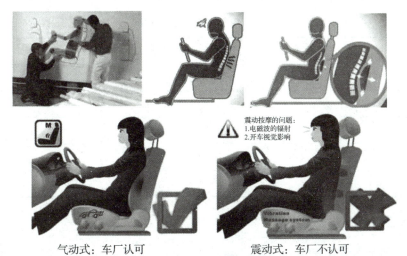

气动式：车厂认可　　　　　震动式：车厂不认可
图 5-31　电动按摩座椅

五、丰田卡罗拉汽车电动座椅电路

卡罗拉电动座椅大多数由双向电动机、传动装置和调节电路等组成。双向电动机提供动力，传动装置可以将动力传至座椅，通过调节开关实现座椅不同位置的调节。

汽车电动座椅电机的调节电路，其相应方式有座椅前后滑动调节、座椅前部的上下调节、座椅后部的上下调节、靠背的倾斜调节、头枕的上下调节及腰垫的前后调节等。

记忆存储式座椅控制系统的主要硬件元件包括电动机、传感器和 ECU。控制系统以 ECU 为核心连接各个部件，控制座椅位置的调整。驾驶员可以调整座椅的前端和垂直升降、水平滑动以及椅背角度 4 个位置。初始时，驾驶员通过按键操作，输入控制信号，信号通过 ECU 输出电机驱动信号，驱动电机，调整座椅，以获得座椅的最舒适位置。

座椅中内置了记忆芯片，可以存储用户设定的信息，在需要调取不同用户的信息时，座椅会通过电动调节的方式还原用户的座椅位置、角度等。电动座椅记忆一般会储存 2~4 个记忆组数。

设定方法如下：

（1）确认记忆储存

转动点火钥匙至 ON 位置，按下 SET 开关，如果指示灯亮约 0.5 s，表示记忆没有被储存，如果指示灯亮 5 s，表示已经储存。

（2）选择记忆位置

①将挡位置于驻车挡。

②将点火钥匙转至 ON 位置。

③按下模式按钮 1 直到听到仪表"咚"一声响，下次再按 1 就可以回到原来设置的位置了，驾驶员座椅会自动移动至相应的记忆储存位置。

任务实施

一、物料和工具领取

完成表 5 – 10 的填写。

表 5 – 10　物料和工具清单

序号	工具/物料名称	规格型号	数量	备注

二、电动座椅初始化设置

1. 对汽车电动座椅初始化

带有位置存储功能的电动座椅在更换座椅后，或者需要解除遥控钥匙存储座椅位置同步时必须先做座椅记忆存储系统初始化，然后才能进行驾驶员侧座椅和车外后视镜记忆设定。大众迈腾轿车座椅记忆存储系统初始化的操作步骤为：

①打开驾驶员侧车门，关闭点火开关。

②操作座椅靠背调节按钮，使座椅靠背向前移动到极限位置。座椅靠背向前移动到极限位置后，松开调节按钮，再次向前拨动座椅靠背调节开关直到听到提示声后停止。

注意：初始化过程中，所有记忆和设定将被删除。初始化后可以重新设定座椅和后视镜记忆，并对遥控钥匙进行同步化设置。

2. 存储正常行驶时座椅和车外后视镜位置

①打开点火开关，不能挂倒挡。

②将座椅和车外后视镜调整到所需位置，按下"SET"按钮并保持 1 s 以上，在 10 s 内按下 3 个存储按钮的一个，存储结束后，系统会有提示声。

3. 将所存储的座椅位置输入遥控钥匙上

存储座椅和后视镜位置之后在 10 s 内将该位置输入遥控钥匙上。将遥控钥匙从点火开关内拔下，按下遥控钥匙开锁按钮并保持大约 2 s，直到听到输入完成的确认声音。

注意：在重新调整座椅的记忆位置后，在 10 s 内不要随便按遥控钥匙按键，否则，遥控器将记忆最后所存储的座椅位置。

4. 倒车时副驾驶车外后视镜记忆设定

①打开点火开关，按下所期望的存储按钮，选择倒挡。

②调整副驾驶车外后视镜到倒车时所需位置，系统会自动将该位置存储。

注意：不能按压"SET"按钮，否则系统将不存储设定倒车时副驾驶车外后视镜的位置。调整完后归位即可。

5. 调出已存储的座椅和车外后视镜位置

车辆静止、点火开关打开情况下轻按一下相应的存储按钮，即可调出设定的座椅及车外后视镜位置。

三、对汽车电动座椅主要部件进行检修

1. 检查前排电动座椅保险

查找仪表板保险盒上的 B36 和 B15 号保险。在点火开关处于任何挡位的情况下，B36 和 B15 号保险上游与下游两端均为 12 V 电压。

检查电动座椅开关各端子之间的导通情况。

2. 座椅电动机的检修

将蓄电池的正负极导线分别与电动机端子相连接，检查电动机是否旋转。反向连接极性，检查电动机是否按反方向旋转，如果运转情况与规定不符，则更换电动机。

3. 电动座椅开关的检查

以驾驶员侧电动座椅前后滑动开关为例，检查开关是否正常工作。如果检查结果异常，则需要更换电动座椅调节开关。

四、电动座椅常见故障及原因分析

汽车电动座椅系统的常见故障主要有座椅电动调节功能失效、座椅加热功能失效、座椅记忆功能失效等，如表5-11所示。

表5-11　汽车电动座椅系统的常见故障

故障现象	故障原因
座椅电动调节功能失效	系统保险故障 座椅调节开关故障 座椅电动机故障 线束故障
座椅加热功能失效	系统保险故障 加热继电器故障 座椅调节开关故障 座椅电动机故障 线束故障
座椅位置功能失效	系统保险故障 座椅位置存储开关故障 座椅位置传感器故障 电动座椅 ECU 故障 线束故障

任务评价

各组展示成果，介绍任务完成过程、制作过程视频、运行结果视频、技术文档整理情况并提交汇报材料，进行小组自评、组间互评、教师评价，完成考核评价表5-12。

表5-12　考核评价表

序号	评价项目	评价内容	分值	自评（30%）	互评（30%）	师评（40%）	合计
1	职业素养（30分）	分工合理，制订计划能力强，严谨认真	5				
		爱岗敬业、安全意识、责任意识、服从意识	5				
		团队合作、交流沟通、互相协作、分享能力	5				
		遵守行业规范、现场6S标准	5				
		主动性强，保质保量完成工作页相关任务	5				
		能采取多样化手段收集信息、解决问题	5				

序号	评价项目	评价内容	分值	自评 (30%)	互评 (30%)	师评 (40%)	合计
2	专业能力 (60分)	检查方法正确、规范	10				
		操作过程严肃认真、精益求精	10				
		程序设计合理、熟练	15				
		检查结果正确	10				
		技术文档整理完整	15				
3	创新意识 (10分)	创新性思维和行动	10				
合计			100				
评价人签名：			时间：				

知识拓展

在未来，汽车智能座舱将有多种驾驶模式，前排座椅可实现旋转调节，对于这种模式，现有的安全气囊将不再能为乘员提供安全保护，因此布置在座椅内部的大面积安全气囊保护将是未来座椅安全的有利选择之一。图 5-32 所示为汽车智能座舱安全气囊。

图 5-32　汽车智能座舱安全气囊

安全气囊保护功能通过重新设计更大的气囊弱化区域，增大座椅侧气囊体积和展开面积，达到更大范围保护后排乘员的功能。对于前排座椅旋转后场景，将气囊置于安全带内或使用饰板包裹在安全带上，展开后最大限度增加乘员前部接触面积以减小安全带局部压力，限制乘员 X 向位移。

目前应用在座椅上的安全技术大部分只是在车辆发生事故时被动地去保护乘员安全，缺乏主动感知乘员状态以调整安全装置的能力，而乘员安全监控技术具备感知乘员状态和动态

调整安全装置的能力，能在未来座椅拥有更多自由度的情况下，为每一位乘员提供更安全的保护。如图 5-33 所示为汽车智能座舱感知系统。

图 5-33　汽车智能座舱感知系统

汽车智能座舱感知系统的工作原理是通过摄像头、座椅传感器等对乘员的乘坐姿态进行监控，通过估计不同座椅位置处乘员的乘坐姿态，动态调整安全气囊的部署策略，避免乘员离安全气囊的部署点过近，造成碰撞事故中因安全气囊使乘员受伤。

课后练习

课程思政故事

一、填空题

1. 电动座椅电路一般由_____、_____、_____和_____组成。
2. 电动座椅若要完成 8 个方向的调整，则需要_____个电动机来完成。
3. 可以通过_____方法来检查电动座椅电动机是否正常工作。
4. 高档轿车的电动座椅系统采用_____，具有_____功能。
5. 当电动座椅电路不工作时，座椅电动机的两端子均与_____相互导通。

二、简答题

1. 电动座椅的功能有哪些？
2. 电动座椅在使用中应注意什么问题？

三、赛证习题

准备"1 + X"职业技能领域职业技能等级标准考核用车 1 辆，并备齐考核用的相关工具、设备后，进行以下技能等级考核试题的练习。

考核项目：安全与舒适系统检测维修【实操考核报告】					
一、车辆信息记录					
品牌		整车型号		生产日期	
发动机型号		发动机排量		行驶里程	
车辆识别码					

考核项目：安全与舒适系统检测维修【实操考核报告】

二、检测电动座椅系统电路，找出导致电动座椅工作异常的故障元件，记录故障元件相关信息，进行故障原因说明，并修复故障元件

故障现象	
故障码	

数据流	

电动座椅相关电路图位置		记录所查询的电路图在维修手册中的位置

可能故障原因分析：保险丝□　开关□　电动机□　电路线束□

检测项目	检测结果	判断
保险丝		正常□　异常□
开关		正常□　异常□
座椅电动机		正常□　异常□
电路线束		正常□　异常□

故障说明

故障元件：

故障机理分析：

任务四

电动车窗的检修

任务描述

张工在丰田4S店做维修接待工作三年了，某天一客户开着一汽丰田卡罗拉轿车来到4S店维修，车主反映在车辆使用过程中，升降车窗玻璃时，发现该车前后车窗玻璃都无法升降。

假如你是张工，请你负责该车的接待维修工作，为车主介绍汽车电动车窗的组成、功能及正确使用方法，并且根据该车的故障现象完成初步检查，分析具体的可能故障原因，根据电动车窗的工作原理和控制电路对故障进行诊断排除。

学习目标

目标类型	目标要求
知识目标	了解电动车窗的作用与分类
	掌握电动车窗的组成结构和工作原理
	掌握电动车窗的使用注意事项
技能目标	能准确查找汽车电动车窗系统各部件，并能描述其原理功能
	会检测电动车窗的保险丝、继电器、主控开关、分控开关、车窗电动机
	能对常见的电动车窗常见故障进行诊断与维修
思政目标	在任务学习中，通过电路诊断原理分析，掌握识读技巧，提高自身的观察力、想象力、思考力、判断力、推理力、逻辑思维能力

任务准备

将班级学生分组，3人或4人为一组，由轮值安排生成组长，使每个人都有锻炼组织协调和管理能力的机会。每人都有明确的任务分工，机电维修组长1人，机电维修中工1人，机电维修学徒1~2人，模拟任务实施过程，培养团队合作、互帮互助精神和协同攻关能力。任务分组见表5-13。

表 5 – 13 任务分组

组长		组名		指导老师	
团队成员	学号	角色指派		备注	
		机电维修组长		任务进度安排	
		机电维修中工		任务主实施	
		机电维修学徒		任务协助实施	
		机电维修学徒		任务协助实施	

任务引导

引导问题 1：电动车窗有哪些类型？

引导问题 2：汽车电动车窗如何使用？

引导问题 3：一般常用汽车电动车窗容易出现的故障问题有哪些？

知识链接

电动车窗的检修

1. 电动车窗的作用

电动车窗的作用是利用电动机驱动玻璃升降器，实现车窗玻璃的上下移动，方便驾驶员和乘客。电动车窗具备以下功能。

（1）开/关功能

当电动车窗开关被推或拉到一半时，窗户可打开或关闭直至开关被松开。

（2）单触式自动开/关功能

当电动车窗开关被推或拉到底时，窗户可全开或全关。有些车型只有自动打开的功能，有些车型只有驾驶员窗有自动开关功能。

（3）车窗锁止功能

当车窗锁止开关打开时，除驾驶员车窗外，所有车窗的打开和关闭功能失效。

（4）防夹保护功能

在单触式自动关窗期间，如果异物卡在窗内，此功能自动停止电动车窗，并将车窗玻璃向下移动大约 50 mm。

（5）无钥匙电动窗功能

若驾驶员车门不打开，在点火开关置到"ACC"或"LOCK"位置后大约 45 s 的时间里，此功能允许电动车窗系统的操作。驾驶员车门锁芯具有联动功能，此功能按照驾驶员车门锁芯和无线控制门锁的操作打开和关闭车窗。

2. 电动车窗的组成

电动车窗是指以电为动力使车窗玻璃自动升降的车窗。它由驾驶员或乘员操纵开关接通车窗升降电动机电路，电动机产生电磁转矩，通过一系列的机械传动，实现车窗玻璃按要求进行升降。如图 5 – 34 所示，电动车窗系统主要由车窗玻璃、车窗升降器、电动机、控制开关、继电器、断路器等装置组成。

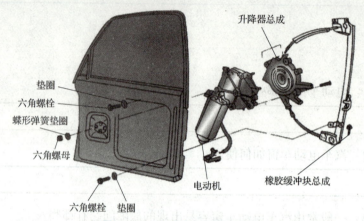

图 5 – 34　电动车窗结构与原理

电动车窗的电动机是双向的，有永磁式和双绕组串励式两种。现在汽车上每个车窗都装有一个电动机，通过开关控制它的电流方向，使车窗玻璃上升或下降。

电动车窗的控制开关一般有两套：一套为主控开关，安装在驾驶员侧车门扶手上或换挡杆附近，由驾驶员控制玻璃升降。另一套为分控开关，安装在每个车门扶手上，可由乘客控制玻璃升降。主控开关上还安装有控制分控开关的安全开关（门窗锁止开关），若安全开关断开，除左前门窗外，其他门窗分控开关就不起作用。有的汽车电动门窗系统带有延迟开关系统，可在点火开关关断后约 50 s 内，或在车门打开以前，仍提供电源，使驾驶员和乘客有时间关闭车窗。

图 5 – 35 所示为电动车窗操作开关。

图 5 – 35　电动车窗操作开关

电动车窗最主要的组成是车窗升降器，常见的形式有齿扇式、齿条式与绳轮式三种。

齿扇式升降器的结构如图5-36所示，其齿扇上连接有螺旋弹簧，当车窗玻璃下降时，螺旋弹簧收缩，吸收能量；当车窗玻璃上升时，螺旋弹簧伸展，释放能量，以减轻电动机的负荷。当电动机转动时，通过蜗轮、蜗杆减速并且改变旋转方向，使齿扇转动，带着车窗进行升降。

齿条式升降器的结构如图5-37所示，车窗升降器采用柔性齿条和小齿轮，车窗玻璃固定在齿条的一端，当电动机转动时，通过蜗轮、蜗杆、减速机构将动力传给小齿轮，小齿轮带动齿条移动，最终使车窗玻璃上升或者下降。

图5-36　电动车窗齿扇式升降器

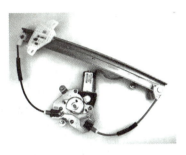

图5-37　电动车窗齿条式升降器

绳轮式升降器如图5-38所示，它由驱动电机、钢索、玻璃升降导轨、夹持器、减振弹簧等组成，玻璃固定在导轨上的夹持器上，夹持器固定在钢索上，电动机转动时带动齿条移动，最终使车窗玻璃上升或者下降。

为了防止电动机过载，在电路或直流电动机内装有一个或多个双金属片式热敏断路器，用以控制电动机中的电流。若车窗玻璃因某种原因（比如结冰）卡住，即使门窗控制开关没有断开，双金属片式热敏断路器会因电流过大发热，使双金属片变形时门窗电路自动断路。

3. 电动车窗升降系统的工作原理

电动车窗的基本工作原理是通过升降控制开关给电动机接通正向或反向电流，从而实现车窗的升降，其结构图如图5-39所示。

图5-38　电动车窗绳轮式升降器

图5-39　电动车窗系统结构图

电动车窗有手动升降和自动升降两种操作模式，手动升降是指当按住相应的手动按钮时，车窗玻璃可以上升或下降，若中途松开按钮，上升或下降的动作即停止；自动升降是指当按下自动按钮时，松开手后车窗玻璃会一直上升至最高点或下降至最低点，若想在中途使其停止，则向相反方向扳动手动按钮，然后立即放松。

图5-40所示为一四车门电动车窗的控制电路，该控制电路可以实现手动控制和自动控制，手动控制和自动控制过程如下。

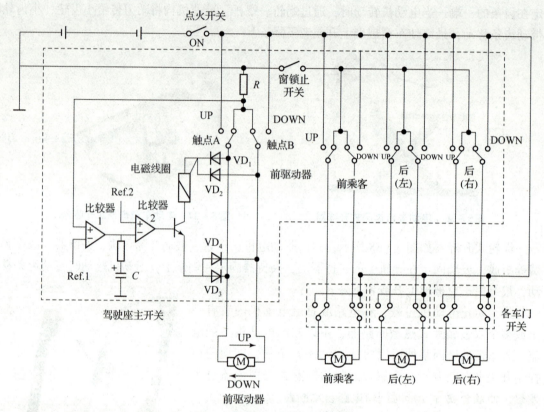

图5-40　电动车窗控制电路及工作原理

（1）手动控制玻璃升降

以驾驶员侧的玻璃升降为例，向前按下手动旋钮后，触点 A 与开关的 UP 侧相连，触点 B 处于原来状态，电动机按 UP 箭头方向通过电流，车窗玻璃上升直至关闭；当把手拿离旋钮时，利用开关自身的恢复力，开关即回到中立位置。若把手动旋钮推向车辆后方，触点 A 保持原位不动，而触点 B 则与 DOWN（向下）侧相连，电动机按 DOWN 箭头所示的方向通过电流，电动机反转，以实现车窗玻璃向下移动，直至下降到底。

（2）自动控制玻璃升降

当把自动按钮向前方按下时，触点 A 与 UP 侧相连，电动机按 UP 箭头方向通过电流，车窗玻璃上升；与此同时，检测发现电阻 R 上的电压降降低，此电压通过比较器1，它与参考电压 Ref.1 进行比较。Ref.1 的电压值设定为相当于电动机锁止时的电压。因而，在通常情况下，比较器1的输出为负电位；比较器2的基准电压 Ref.2 设定为小于比较器1的输出，为正电位，所以比较器2的输出电压为正电压，三极管接通，电路线圈通过较大的电流，其路径为蓄电池正极→点火开关→UP→触点 A→二极管 VD_1→电磁线圈→三极管→二极管 VD_4→触点 B→电阻 R→搭铁（蓄电池负极），此电流产生较大的电磁吸力，吸引驱动器开关的柱塞，于是把止板向上顶压，越过止板凸缘的滑销于原来位置被锁定，这时即使把手拿离自动旋钮，开关仍会保持原来的状态。

当玻璃上升至终点位置时，在电动机上有锁止电流流过，检测发现电阻 R 上的电压降增大，当此电压超过参考电压 Ref.1 时，比较器 1 输出低电位，此时，电容 C 开始充电，当 C 两端电压上升至超过比较器 2 的参考电压 Ref.2 时，比较器 2 则输出低电位，三极管立即截止，电磁线圈中的电流被切断，止板被弹簧通过滑销压下，自动旋钮自动恢复到中立位置，触点 A 搭铁，电动机停转。

在自动上升过程中，若想中途停止，则向反方向扳动手动旋钮。然后立刻放松，这样触点 B 将短暂脱离搭铁，使电动机因电路被切断自动停转。同时，通过电磁线圈的电流已被切断，止板被弹簧通过滑销压下，自动旋钮自动恢复到中立位置，触点 A、B 均搭铁，电动机停转。

车窗玻璃自动下降的工作情况与上述情况相反，操作时只需将自动旋钮压向车辆后方即可。

4. 丰田卡罗拉汽车电动车窗电路

丰田卡罗拉电动车窗控制电路如图 5-41 所示，它采用永磁式直流电动机驱动车窗玻璃升降，当点火开关处于"ON"挡位时，电动车窗继电器线圈通电，吸合常开开关，接通蓄电池电源至各车窗控制电动机的线路。位于驾驶员侧的主控开关控制驾驶员侧车窗的动作，同时也能控制其他车窗的动作。其他车窗控制开关只能控制相应的车窗动作。

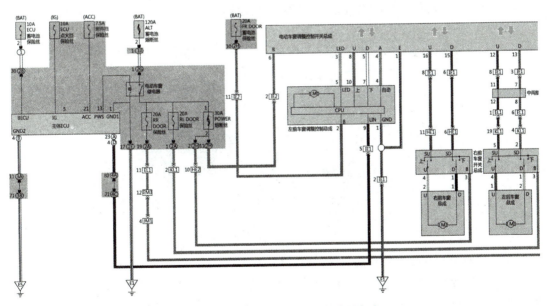

图 5-41　丰田卡罗拉电动车窗控制电路

当接通点火开关后，门窗继电器触点闭合，电动门电路与电源接通，将组合开关或分控开关与"上"位接通，电流流进车窗电动机，电动机旋转带动升降器，使门窗玻璃上升；将组合开关或分控开关与"下"位接通，流进车窗电动机的电流改变方向，电动机的旋转

方向因而改变，升降器带动门窗玻璃下降。当门窗玻璃上升或下降到终点时，断路开关切断一段时间，然后再恢复到接通状态。

电动车窗升降系统的电路中一般要设有电路保护器，有些车型的电动车窗升降系统中，电路保护器设在电动机的内部。电路保护器的作用是避免电动机因超载而烧坏电动天窗电路。如车门玻璃处于全开状态或完全关闭状态时控制开关继续接通，或者玻璃在升降过程中电路保护器卡死，这时容易发生电流过大现象，使电动机烧坏。电动车窗升降系统中电路保护器触点一般为双金属片式结构，当车窗升降系统电路电流过大时，双金属片因温度上升产生变形而使触点张开切断电路。当电路断开后双金属片冷却，变形消失，触点再闭合。

5. 电动车窗其他技术

（1）电动车窗防夹功能

电动车窗防夹功能是指在电动车窗正常上升过程中，如果在任意位置有物体被夹住，控制器会立即停止上升动作，并自动返回到下死点，然后立即断电停机，以释放被夹物，保护司乘人员的安全。在上、下死点位置，无论升降开关是否松开，控制器均会自动断电，以避免电动机因长时间堵转而烧毁。如果电动车窗出现机械故障被卡住，控制器也会立即断电，有效保护电动机不被烧毁。电动车窗防夹功能不仅增加了汽车的安全性，提高了汽车的档次，同时也大大延长了电动车窗的使用寿命。

电动车窗的防夹原理如图5-42所示。在车窗关闭过程中，由电子控制单元（ECU）通过与电动机联动的霍尔传感器检测电动机的转速。当霍尔传感器检测到电动机转速发生变化时，及时向ECU传递信息，ECU便向控制电动机运转的继电器发出指令，使电动机反转（即车窗下降），以保护司乘人员霍尔传感器区数据线继电器。

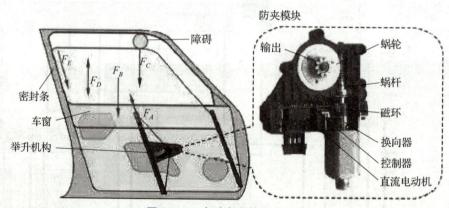

图5-42　电动车窗的防夹原理

（2）电动车窗遥控升降功能

现在大部分新车型的电动车窗玻璃具备遥控升降功能。如果下车后发现车窗玻璃忘记升起，或者在炎热天气时为了在上车前降下玻璃将热空气散出去，我们都可以用汽车的遥控器来控制车窗玻璃的下降与上升。

在用遥控器锁门状态下，长按锁门键，所有车窗及天窗都会自动关闭。在用遥控器解锁状态下，长按解锁键，所有车窗及天窗都会自动打开。不同车型的具体操作会有差异。

任务实施

一、物料和工具领取

完成表 5-14 的填写。

表 5-14 物料和工具清单

序号	工具/物料名称	规格型号	数量	备注

二、电动车窗的正确使用

卡罗拉汽车电动主控开关安装在驾驶员侧车门扶手或者仪表板上，由驾驶员控制玻璃升降。三个分控开关安装在三个乘客侧车窗中部，可由乘客各自操作。主控开关上还安装有控制三个分控开关的车窗锁止开关，如果断开它，分控开关就失效了。

三、电动车窗初始化

在更换电动车窗电动机或者电动车窗调节器总成后，或者车辆长时间断电后，需要进行电动车窗初始化，恢复电动车窗的一键升降功能。

电动车窗初始化设定的步骤如下：

①连接蓄电池负极端子。

②将点火开关转到"ON"位置，这时电动车窗上主控开关上的指示灯将闪烁。

③操作电动车窗主控开关完全关闭车窗，在车窗玻璃上升到顶停止后，在"AUTO UP"位置按住电动车窗主控开关 1 s 或者更长时间。

④检查电动车窗主控开关上的指示灯是否保持闪烁。如果指示灯保持闪烁，说明初始化成功；如果指示灯没有保持闪烁，说明初始化没有成功，需要至少降低车窗玻璃 50 mm，然后再重复初始化过程。

四、电动车窗主要元件检测

1. 检测保险丝

在点火开关接通至"ON"挡时，检查驾驶员侧仪表板保险盒，根据维修电路图查找车窗对应的保险丝，首先目视观察有无烧蚀发黑现象，进一步用万用表检测上游与下游电压，正常应为 12 V。如果上游为 12 V，下游为 0 V，说明保险断路。如果上游与下游都为 0 V，说明线路可能存在问题。

电动车窗的
拆卸与安装

2. 检测继电器

检查驾驶员侧仪表板保险盒，根据维修电路图查找车窗对应的继电器，拆卸继电器，用

万用表检测其导通性。

3. 检测主控开关

①从驾驶员侧装饰板上拆下电动车窗主控开关，查找维修手册主控开关连接器的端子图。

②用万用表的欧姆挡检查总开关在车窗处于上升、下降和关闭状态时各个端子的导通情况。若测得结果与手册不相符，说明车窗主控开关损坏，要进行更换。

4. 检测电动车窗安全开关

按下车窗安全开关，当开关位于"LOCK"位置时，用万用表测量端子之间电流，正常情况下应断路；当开关位于"UNLOCK"位置时，端子之间应导通。

5. 检测电动车窗分控开关

用万用表的欧姆挡检查各分控开关在车窗处于上升、下降和关闭状态时各个端子的导通情况。

6. 检测车窗电动机

将蓄电池的正、负极分别接在车窗电动机的两个端子上并互换一次，电动机应能正转、反转，且转速平稳。否则说明电动机有故障，应进行更换。

五、电动车窗常见故障诊断

电动车窗常见的故障现象有：某个车窗只能向一个方向运动；某个车窗两个方向都不能运动；所有车窗均不能升降或偶尔不能升降；两个后车窗分控开关不起作用等。具体故障原因及诊断思路如表 5-15 所示。

表 5-15　电动车窗常见的故障及其诊断思路

常见故障	故障原因	诊断思路
某个车窗只能向一个方向运动	分控开关故障；分控开关至主控开关可能出现断路	检查分控开关导通情况；检查分控开关至主控开关控制导线导通情况
某个车窗两个方向都不能运动	传动机构卡住；车窗电动机损坏；分控开关至电动机断路	检查传动机构是否卡住；测试电动机工作情况，包括断路、短路及搭铁情况检查；检查分控开关至电动机电路导通情况
所有车窗均不能升降或偶尔不能升降	熔断丝被烧断；搭铁虚接，不实	检查熔断丝；检查、清洁、紧固搭铁
两个后车窗分控开关不起作用	主控开关上的安全开关出现故障	检查安全开关导通情况

任务评价

各组展示成果，介绍任务完成过程、制作过程视频、运行结果视频、技术文档整理情况并提交汇报材料，进行小组自评、组间互评、教师评价，完成考核评价表5-16。

表5-16 考核评价表

序号	评价项目	评价内容	分值	自评(30%)	互评(30%)	师评(40%)	合计
1	职业素养(30分)	分工合理，制订计划能力强，严谨认真	5				
		爱岗敬业、安全意识、责任意识、服从意识	5				
		团队合作、交流沟通、互相协作、分享能力	5				
		遵守行业规范、现场6S标准	5				
		主动性强，保质保量完成工作页相关任务	5				
		能采取多样化手段收集信息、解决问题	5				
2	专业能力(60分)	检查方法正确、规范	10				
		操作过程严肃认真、精益求精	10				
		程序设计合理、熟练	15				
		检查结果正确	10				
		技术文档整理完整	15				
3	创新意识(10分)	创新性思维和行动	10				
合计			100				
评价人签名：			时间：				

知识拓展

在炎热的天气里，停放的汽车内的温度会迅速上升，几十分钟内会上升到50 ℃以上。如果将孩子留在车内，他无法解开安全带并打开车门逃生，在高温环境中会有危险。封闭的高温环境是成年人无法忍受的，儿童更为严重。儿童在高温环境中更容易失水，如果不及时处理，留在车内的儿童容易脱水、中暑和休克，严重时会导致死亡。

在过去，此类事故已经发生过多次。据统计，在美国，每10天就有一名儿童死于高温。

自 1998 年以来，此类事故已致 575 名儿童死亡。

可能有人说我不长时间把孩子放车里，我就放一会儿，再开点窗户透着气，这样的侥幸心理也不能有！由于一些驾驶员的疏忽，常常在锁车后竟浑然不知地将小孩遗留在车厢内。由于汽车普遍采用电动车窗，而电动车窗的升降控制电路在驾驶员锁车后呈断电状态，致使小孩在车厢内无法打开车窗或车门。而且，由于现在的很多汽车贴有有色车膜，位于汽车外面的人很难发现车内的情况。特别在夏季，当室外温度较高且车厢内空气不流通时，如果持续时间较长，小孩会发生胸闷、灼伤，甚至会危及生命。

小孩被困车内事件频发，家长的安全防范意识很重要，带孩子出门的家长，一定要多加注意，千万别把孩子单独留在车内！

为了解决这一问题，提出了很多的技术方案，比如在车内安装传感器，当人锁车后，监测系统自动检测车内是否有人员存在，如果有人员存在则发出警报提醒驾驶员，或者直接开启车窗，这样可以有效地防止车内遗留小孩事件，避免安全事故发生。

课后练习

课程思政故事

一、选择题

1. 电动车窗中的电动机一般为（　　　）。

A. 单向直流电动机　　B. 双向交流电动机　　C. 永磁双向直流电动机

2. 电动车窗系统的无钥匙车窗功能的实现需要哪些条件？（　　　）

A. 点火开关在"LOCK"位置　　　　　　　B. 点火开关在"ACC"位置

C. 打开任何一扇车门之前　　　　　　　　D. 点火开关转到锁止或附属位置后 45 s 之内

3. 在检修电动车窗时，甲技师说"在手动开关控制时电动车窗系统有防夹功能"，乙技师说"在单触式自动开关控制时电动车窗系统才有防夹功能"。（　　　）

A. 甲正确　　　　　B. 乙正确　　　　　C. 甲、乙都对　　　　　D. 甲、乙都不对

二、简答题

1. 丰田轿车电动车窗系统有哪些功能？

2. 什么是无钥匙电动车窗系统？

三、赛证习题

准备"1＋X"职业技能领域职业技能等级标准考核用车 1 辆，并备齐考核用的相关工具、设备后，进行以下技能等级考核试题的练习。

考核项目：安全与舒适系统检测维修【实操考核报告】					
一、车辆信息记录					
品牌		整车型号		生产日期	
发动机型号		发动机排量		行驶里程	
车辆识别码					

考核项目：安全与舒适系统检测维修【实操考核报告】

二、检测电动车窗电路，找出导致电动车窗工作异常的故障元件，记录故障元件相关信息，进行故障原因说明，并修复故障元件

故障现象	
故障码	
数据流	

电动车窗相关电路图位置	记录所查询的电路图在维修手册中的位置

可能故障原因分析：保险丝□　开关□　电动机□　电路线束□

检测项目	检测结果	判断
保险丝		正常□　异常□
开关		正常□　异常□
电动机		正常□　异常□
电路线束		正常□　异常□

故障说明

故障元件：

故障机理分析：

任务五

中央门锁控制系统的检修

任务描述

张工在丰田 4S 店做维修接待工作，有一天，车主李先生开着他的丰田卡罗拉汽车来到丰田 4S 店维修，反映该车无法通过驾驶员侧车门上的中控按钮对车门进行上锁，但是遥控门锁功能正常。

假如你是丰田 4S 店做维修接待工作的张工，请你接待李先生，并为李先生介绍中央门锁控制系统的组成、功能及正确使用方法，完成中控门锁的检查，与李先生完成关于中央门锁控制系统故障的初步沟通。

学习目标

目标类型	目标要求
知识目标	了解中央门锁控制系统的作用与分类
	掌握中央门锁控制系统的组成结构和工作原理
	掌握中央门锁控制系统的使用注意事项
技能目标	能正确维护中央门锁控制系统
	会检测中控门锁主要元件
	能对常见的中央门锁控制系统故障进行诊断维修
思政目标	养成积极主动的学习态度；培养分工协作团队精神和组织沟通能力；树立 6S 的管理理念

任务准备

将班级学生分组，3 人或 4 人为一组，由轮值安排生成组长，使每个人都有锻炼组织协调和管理能力的机会。每人都有明确的任务分工，机电维修组长 1 人，机电维修中工 1 人，机电维修学徒 1~2 人，模拟任务实施过程，培养团队合作、互帮互助精神和协同攻关能力。任务分组见表 5-17。

表 5 – 17　任务分组

组长		组名		指导老师	
团队成员	学号	角色指派		备注	
		机电维修组长		任务进度安排	
		机电维修中工		任务主实施	
		机电维修学徒		任务协助实施	
		机电维修学徒		任务协助实施	

任务引导

引导问题 1：中央门锁控制系统有哪些类型？

引导问题 2：汽车中央门锁控制系统的工作原理是什么？

引导问题 3：如何防止儿童行车时开中门？

知识链接

中央门锁控制
系统的检修

知识点一　汽车中央门锁控制系统

1. 汽车中央门锁系统的作用

由电动机或者电磁铁操纵的车门锁称为电动门锁。随着对汽车安全性和方便性的要求不断提高，大多数轿车都配备了中央门锁系统，如图 5 – 43 所示。现代轿车多数都安装了电动中央门锁控制系统，它具有以下功能。

①将驾驶员侧车门锁扣锁住时，其他几个车门及行李舱门都能自动锁定；同样，若用钥匙锁门，其他几个车门及行李舱门也被锁好；实现集中锁门功能。

②将驾驶员侧车门锁扣拉起时，其他几个车门及行李舱门都能自动打开；若用钥匙开门，其他几个车门及行李舱门也被同时打开；实现集中开门功能。

③为了方便，乘客仍可用各车门机械锁来开关车门。

2. 汽车中央门锁系统的组成

汽车中央门锁系统一般由信号输入装置、控制单元和执行器等三部分组成。

（1）信号输入装置

①门锁控制开关。门锁控制开关一般安装在驾驶员侧门内侧门板上，如图 5 – 44 所示。

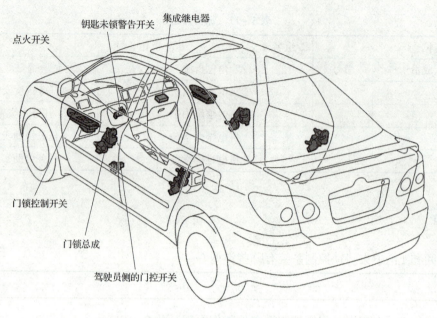

图 5 – 43 　中央门锁系统

　　②钥匙控制开关，也叫钥匙操纵开关。钥匙控制开关安装在每个前门的门板上，当从车外用钥匙开门或者关门时，钥匙控制开关便发出开门或者锁门的信号给门锁控制单元或者门锁控制继电器。

　　③行李舱盖门锁开关。一般该开关位于仪表中控面板上面或者驾驶员座椅左侧车厢底板上，按下或者拉动此开关便能打开行李舱盖门。行李舱的钥匙门靠近其开启器，推压钥匙门，断开行李舱内主控开关，此时再拉开启器开关也不能打开行李舱门。将钥匙插进钥匙门内顺时针旋转打开钥匙门，主控开关接通，这样便可用行李舱盖门开启器打开行李舱盖门。

图 5 – 44 　中央门锁控制系统开关

　　（2）控制单元

　　门锁控制单元的作用是接收信号输入装置送来的信号，并对这些信号进行处理，然后向执行器发出控制指令，控制执行器实现锁门或者开锁的功能。中央门锁控制单元如图 5 – 45 所示。

　　（3）执行器

　　①门锁执行器，如图 5 – 46 所示，一般有电动机和电磁铁两种形式。电动机操作的车门锁体积小、耗电少、工作时噪声小；而电磁铁操作的车门锁结构简单、动作敏捷，但体积

大、质量大，工作时有噪声。

②行李舱盖门开启器，一般安装在行李舱盖门上，用电磁线圈代替电动机，由插棒式铁芯、电磁线圈和支架组成。

图5-45 中央门锁控制单元

图5-46 中央门锁系统执行器

3. 门锁控制器

中控门锁自动控制是指除门锁开关外，还可以受控于车速控制，也就是当车速达到某一规定值时，自动门锁系统将自动锁死车门，即使按动开关开门，门锁也打不开。当车速降低至某一规定值时，自动闭锁系统将自动解除控制，此时按下开锁开关，门锁便可打开。

汽车自动门锁系统主要由门锁电磁阀、门锁开关、自动门锁控制器及车速信号传感器等组成。

门锁控制器的形式比较多，常见的有继电器式、集成继电器式、电脑（ECU）控制式等。

下面以集成继电器控制的门锁控制系统为例进行介绍，电路图如图5-47所示。

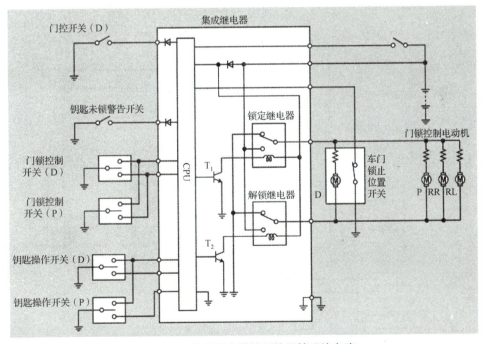

图5-47 集成继电器控制的门锁系统电路

（1）手动车门锁定/解锁功能

当门锁开关被置于锁定/解锁侧时，车门锁定/解锁信号传输到集成继电器中的CPU。

CPU 收到信号后，打开 T_1 或 T_2 约 0.2 s 并打开锁定/解锁继电器。在此状态下，锁定/解锁继电器形成搭铁电路，电流从蓄电池通过电动机到搭铁，所有的门锁控制电动机沿锁定/解锁方向旋转，开/关门锁位置开关。锁定时电路如图 5-48（a）所示，解锁时电路如图 5-48（b）所示。

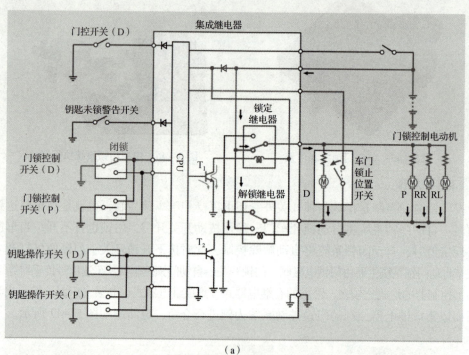

（a）

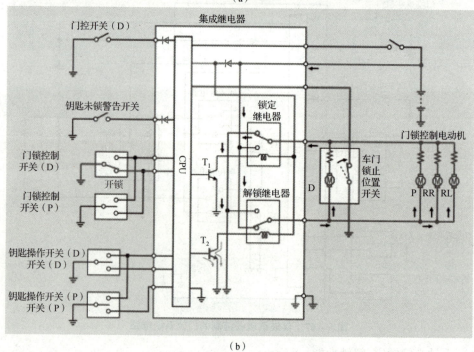

（b）

图 5-48 手动车门锁定/解锁功能电路

（a）锁定电路；（b）解锁电路

（2）车门钥匙锁定/开锁功能

当钥匙插入车门钥匙孔并沿锁定/解锁方向转动时，所有的门锁控制电动机沿锁定/解锁方向转动，锁定时电路和解锁时电路分别如图5-49（a）、图5-49（b）所示。

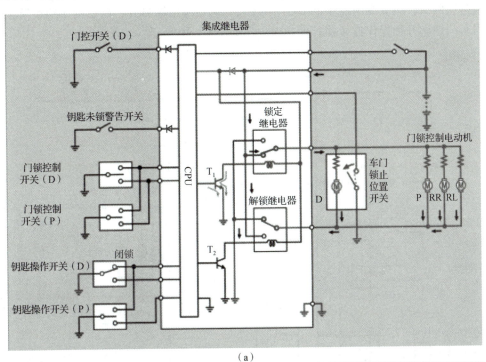

（a）

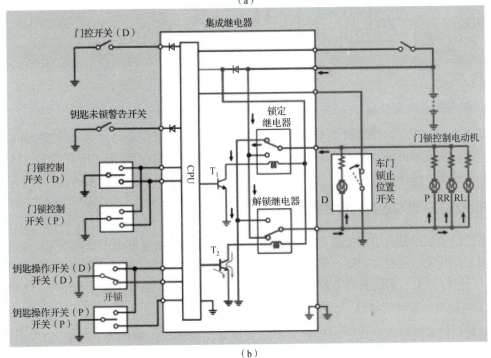

（b）

图5-49 车门钥匙锁定/解锁功能电路

（a）锁定电路；（b）解锁电路

（3）两步开锁功能（驾驶人车门）

当钥匙向开锁方向旋动一次，只有本车门被开锁。此状态下，集成继电器的 UL_3 端子被钥匙操作开关搭铁一次，但是 T_2 没有接通。如果钥匙在 3 s 内向开锁方向旋转两次，UL_3 端子被搭铁两次，集成继电器中的 CPU 导通 T_2，解锁继电器打开，所有的车门被解锁。

当车门钥匙开锁操作连续执行两次时电路如图 5-50 所示。

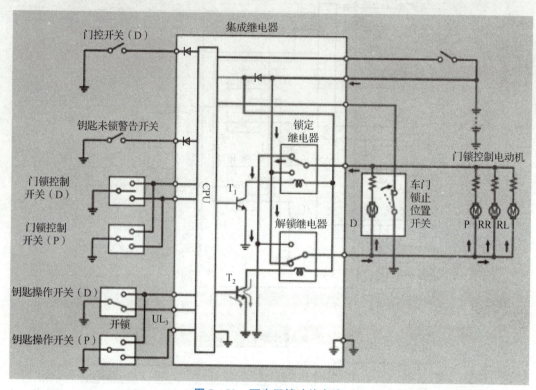

图 5-50　两步开锁功能电路

4. 钥匙遗忘安全功能

如图 5-51 所示，当驾驶人车门被打开，钥匙在点火开关锁芯时，如果门锁按钮被置于锁定位置，集成继电器中的 CPU 将 T_2 导通约 0.2 s，开锁继电器导通，所有的车门被解锁。如果在此状态下操作门锁控制开关锁住车门，所有的门会先被锁定，然后再次打开。

知识点二　汽车遥控门锁控制系统

遥控门锁系统是在中央门锁系统的基础上加了遥控接收装置和遥控发射装置，主要由遥控门锁主控开关、遥控发射器、遥控门锁 ECU、玻璃印制天线（除霜电热丝）、防盗和门锁 ECU、门控灯开关、钥匙未锁警告开关、门锁电动机和位置开关等组成，如图 5-52 所示。

1. 遥控门锁系统的功能

遥控门锁系统可以允许使用遥控发射器完成车门的锁定、解锁及行李舱盖门的开启操作。它使得驾驶员和乘客在恶劣天气下或者携带物品不方便手动遥控开门的情况下更方便地进入车辆。由于使用方便快捷，日益受到人们的青睐而逐渐普及。目前，大多数新车型都配备了遥控门锁系统。

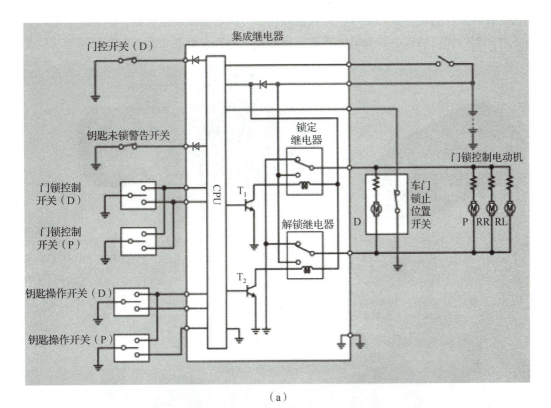

（a）

（b）

图 5-51 钥匙遗忘安全功能电路

（a）锁定电路；（b）解锁电路

汽车接收遥控钥匙发出的信号，并且将操作信号发送到集成继电器。集成继电器收到操作信号时控制门锁电动机。集成继电器具备自动锁定功能、重复功能、应答及其他功能。

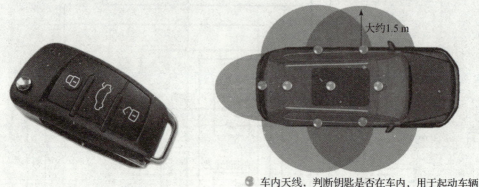

大约1.5 m

　●　车内天线，判断钥匙是否在车内，用于起动车辆
　●　车外天线，判断钥匙是否在有效范围内，用于开启车门

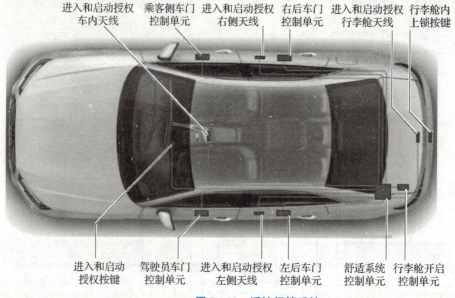

进入和启动授权车内天线　乘客侧车门控制单元　进入和启动授权右侧天线　右后车门控制单元　进入和启动授权行李舱天线　行李舱内上锁按键

进入和启动授权按键　驾驶员车门控制单元　进入和启动授权左侧天线　左后车门控制单元　舒适系统控制单元　行李舱开启控制单元

图 5 – 52　遥控门锁系统

2. 遥控门锁系统的结构组成

遥控门锁系统的结构如图 5 – 52 所示，包括以下部件。

①遥控钥匙：遥控钥匙由锂电池供电。按下开关时，它将无线电波信号发送到车门控制接收器。遥控钥匙有钥匙内置型和钥匙座型两种。遥控钥匙发射的无线电波（信号）的频率范围为 300 ~ 500 MHz。

②车门控制接收器：车门控制接收器接收来自遥控钥匙的信号，并将操作信号传输到集成继电器。

③集成继电器：集成继电器根据各开关的输入信号检测运行情况，并按照来自车门控制接收器的操作信号向门锁装置输出锁定/解锁信号。

④钥匙开锁警告开关：钥匙开锁警告开关检测是否有钥匙插入点火开关锁芯中。

⑤点火开关。

⑥门控灯开关。

⑦门锁总成。

3. 遥控门锁系统的工作原理

遥控门锁系统电路图如图 5-53 所示,其工作原理如下。

(1) 所有车门的锁定/解锁操作

①传送和判断操作:钥匙没有被插入点火开关锁芯中时所有车门锁闭。当按下遥控钥匙的锁定/解锁开关时,车辆自己的识别密码和功能码被发送出去。当车门控制接收器收到这些代码时,控制接收器中的 CPU 开始核对和判断。如果接收器识别出收到的本车识别代码是车门锁定/解锁,它将车门锁定/解锁信号输出到组合继电器中。

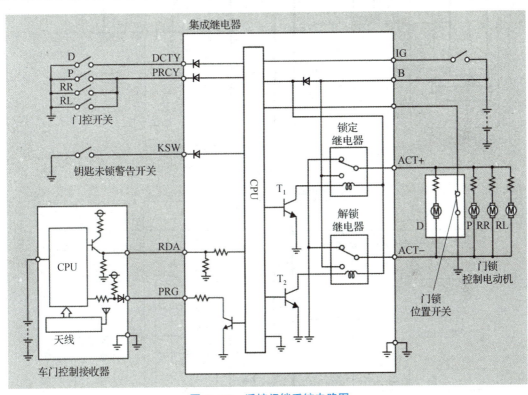

图 5-53 遥控门锁系统电路图

②在组合继电器侧的操作:当集成继电器收到车门锁定/解锁信号时,它导通 T_1/T_2,导致锁定/解锁继电器导通,这样使所有的门锁控制电动机开到锁定/解锁侧。锁定/解锁操作的电路图如图 5-54 所示。

(2) 两步开锁操作

要执行两步开锁操作,组合继电器中还有包括专用于驾驶员侧车门的开锁继电器 (D) 和控制开锁继电器 (D) 的 T_3。

①当遥控钥匙的开锁开关只按下一次时,组合继电器导通 T_3 和驾驶员侧车门开锁继电器 (D),只向解锁方向旋转驾驶员侧门锁控制电动机,如图 5-55 所示。

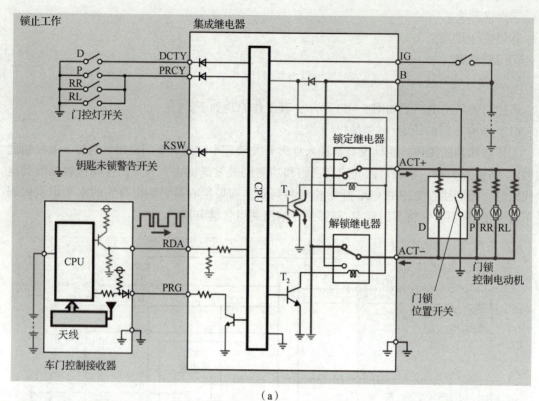

（a）

（b）

图 5-54　遥控门锁系统锁定与解锁电路图

（a）锁定电路；（b）解锁电路

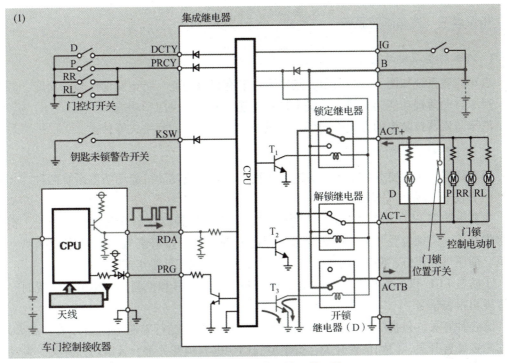

图 5-55　只按一次遥控开锁开关

②如果在 3 s 内连续按下遥控钥匙的开锁开关两次，组合继电器导通 T₃ 和 T₂，导通驾驶员侧和乘员侧车门的开锁继电器（D）和（P），并将所有的门锁控制电动机开到开锁侧，如图 5-56 所示。

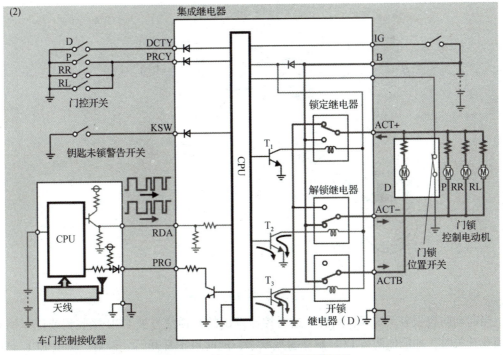

图 5-56　按下两次遥控钥匙开锁开关

知识点三　汽车防盗系统

1. 汽车防盗系统的主要功能

汽车防盗系统如图5-57所示，其主要功能有报警功能、防止发动机起动功能、寻车功能、行车自动落锁功能、车门未关安全提示功能、遥控中央门锁功能。

汽车防盗器按防盗的方式不同可分为机械式、电子式和网络式等种类。

2. 汽车防盗系统的组成

汽车防盗系统主要分为防止非法进入车辆系统和阻止发动机起动防盗系统两种。

（1）防止非法进入车辆系统

主要由防盗ECU和车身ECU、门控开关、发动机舱盖门控制开关、点火开关、钥匙未锁警告开关、门锁位置开关、行李舱盖门钥匙开锁开关、报警装置（包括安全喇叭、车辆喇叭、前照灯和尾灯、防盗指示灯等），以及相关的电气部件等组成。

①防盗ECU和车身ECU，当ECU接收到各开关的信号和检测到汽车被盗情况时，报警装置发出报警信号。

②各种开关，包括门控开关、发动机舱盖门控制开关、行李舱盖门锁开关、点火开关、钥匙未锁警告开关、门锁位置开关、行李舱盖门钥匙开锁开关等。其中门控开关、发动机舱盖门控制开关、钥匙未锁警告开关用来检测钥匙是否插进了点火锁芯中。门锁位置开关和行李舱盖门钥匙开锁开关用来检测各门的锁止开锁状态。

③报警装置包括安全喇叭、车辆喇叭、前照灯和尾灯、防盗指示灯等。其中防盗指示灯用来指示系统是否处于警戒状态。当系统处于警戒状态时，指示灯闪烁，警报响起，通知并且警示汽车周围的人。

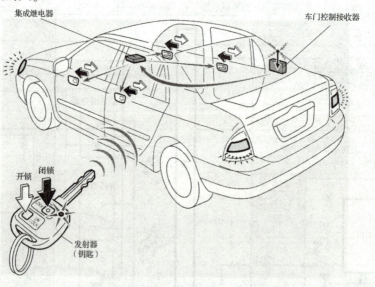

图5-57　汽车防盗系统

当起动防盗报警系统后，只有通过遥控器发出的开锁信号被ECU接收到或把车钥匙插入锁孔开关时，才能使防盗ECU解除警戒状态，此时可正常开门。否则，防盗ECU会根据各种开关信号及ECU反馈信号判定为非法开启，于是接通喇叭线路和各种报警装置进行报警。

（2）阻止发动机起动防盗系统

①组成。第三代阻止发动机起动防盗系统的组成如图 5 - 58 所示，主要由带脉冲转发器的钥匙、识读线圈、防盗 ECU 和防盗指示灯组成。

a. 脉冲转发器钥匙。每一把钥匙都有棒状转发器，内含运算芯片和一个细小的电磁线圈。该系统工作期间，其线圈与点火锁芯中的识读线圈以感应的方式进行通信，以便转发器运算芯片与防盗报警控制单元之间传输的各种信息。

b. 识读线圈。识读线圈也叫收发线圈，安装在点火锁芯上，通过导线与防盗 ECU 相连，作为防盗 ECU 的负载，担负着防盗 ECU 与脉冲转发器之间信号及能量的传输任务。

c. 防盗 ECU（或防盗控制单元）。防盗 ECU（或防盗控制单元）是一个包括微处理器的电子控制器，在点火开关接通时，防盗 ECU 用于系统密码运算、比较，并控制整个系统的通信，包括与脉冲转发器、发动机 ECU 的通信，同时还可以与诊断仪进行通信。

②基本工作原理。汽车防盗报警系统安装匹配后，防盗 ECU 便存储了该车发动机 ECU 的识别密码以及三把钥匙中脉冲转发器的识别密码。同时每个脉冲转发器也存储了相应的防盗 FCU 的有关信息。将钥匙插入点火锁芯片接通点火开关时，防盗 ECU 首先通过锁芯上的识读线圈将一随机数据传输给钥匙中的脉冲转发器，经转定运算后，脉冲转发器将结果反馈给两鉴 ECU。防盗 ECU 将其与自身存储的识别密码相比较，若密码吻合，系统即认定该钥匙为合法钥匙。防盗 ECU 还要对发动机 ECU 进行识别。只有钥匙（脉冲转发器）、发动机 ECU 的密码都吻合，防盗 ECU 才容许发动机 ECU 工作。

防盗 ECU 通过一根串行通信线将经过编码的工作指令传到发动机 ECU，发动机 ECU 根据防盗 ECU 的数据来决定是否起动汽车。同时，诊断仪可通过串行通信接口（K 线）对系统进行故障诊断、编码等操作。在识别密码的过程（2 s）中，防盗指示灯会保持点亮状态。如果有任何错误发生，发动机 ECU 将停止工作，同时指示灯会以一定频率闪亮。

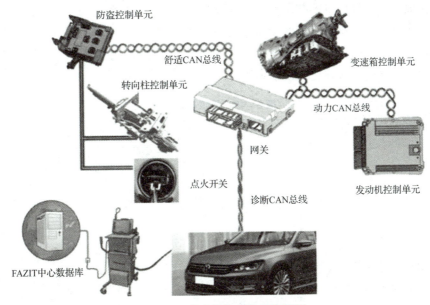

图 5 - 58 汽车防盗系统工作原理

任务实施

一、物料和工具领取

完成表 5 – 18 的填写。

表 5 – 18　物料和工具清单

序号	工具/物料名称	规格型号	数量	备注

二、检查中央门锁控制系统

检查中央门锁系统保险丝：

①用正确的方法检测 + B，确保 + B 达到 12 V。检查保险两端电压，正常为 12 V，如果保险下游电压为零则说明保险断路。

②在此分析时只考虑电气故障，不考虑机械故障。

三、中央门锁控制系统常见故障诊断与分析

针对中央门锁的各种故障，诊断及处理失误将给企业和个人造成相当大的损失。诊断应该建立在获取有关故障信息的基础上，依据迈腾 B8 中央门锁系统的工作原理及控制结构，运用科学的分析方法，按照合理的步骤进行综合分析，去伪存真、舍次取主，排除故障，找出故障原因。为了便于分析，不至于被众多杂乱无章的信息扰乱思路，需要结合电路原理图，按照表 5 – 19 所示流程进行诊断维修。

表 5 – 19　故障诊断流程

步骤	操作	结果		备注
1	确认 + B 大于 11.5 V	正常，则转步骤 2	不正常，则给蓄电池充电或者更换	确保蓄电池正负极接头连接牢靠，无污
2	按压遥控器上的开锁、闭锁和行李舱锁按键，检查车辆外部警告灯闪烁是否正常	正常，则转步骤 3	不正常，则检测遥控钥匙电池电量、钥匙是否匹配	在强磁场下遥控钥匙可能出现失效，故需更换场地

步骤	操作	结果		备注
3	仔细倾听按压遥控器上的开锁或闭锁按键时,是否听到车门锁电动机动作的声音。同时在开锁时,所有车门应能拉开;在闭锁时,所有车门应不能拉开	正常,则转步骤4	异常,则转步骤9	
4	使用机械钥匙通过驾驶员侧车门把手上的锁芯打开中央门锁时,驾驶员侧车门应能正常打开,其余的无法打开;闭锁时,所有车门应能锁止,无法打开	正常,则转步骤5	异常,则检测驾驶员侧车门锁机械结构	机械钥匙通过机械连接结构打开车门,如果机械结构出现故障,将导致内部开关工作异常
5	按压遥控器上的行李舱锁按键,行李舱应能正常打开	正常,则转步骤6	异常,则转步骤9	通过两个开关操作后的现象判断基本故障部位
6	打开车门时拉动驾驶员侧车门上的行李舱开锁按钮 E233,行李舱应能正常打开	正常,则转步骤7	异常,则转步骤9	通过两个开关操作后的现象判断基本故障部位
7	打开车门,一名操作人员进入驾驶员位置后,关闭所有车门,按压驾驶员侧车门上的上锁按钮 E308 上的闭锁键,从内部应无法打开所有的车门,另一名操作人员在外部无法打开所有的车门;按压驾驶员侧车门上的上锁按钮 E308 上的开锁键,从内部应能打开所有的车门,另外一名操作人员在外部应能打开所有车门	正常,则转步骤8	异常,则转步骤9	通过后部左右两个开关操作后的现象判断基本故障部位
8	按压油箱盖,油箱盖应能正常打开	正常,则转步骤14	异常,则转步骤9	
9	连接诊断仪,读取故障码	正常读取,则转步骤10		
10	根据实际故障码进行诊断维修	正常,则转步骤13	无法读取故障码时,则转步骤11;无故障码时,则转步骤12	

步骤	操作	结果		备注
11	检测 OBD 结构及相关电路	正常，则转步骤9	执行 OBD 诊断接口诊断	使用连线时，如果解码器不亮或者无线传输方式时怀疑无线通信模块不能通信时进行该诊断
	检测舒适 CAN 总线		执行舒适 CAN 总线诊断	
12	接插件检测	正常，则转步骤13	不正常，则继续维修故障部位	包括外观、退针、锈蚀等项目
	结合维修手册电路图对故障系统供电、搭铁线路进行电压、通断测量			测量项目包括搭铁电压、电阻
13	故障检验	正常，则转步骤14	不正常，则转步骤9	
14	排除故障			

任务评价

各组展示成果，介绍任务完成过程、制作过程视频、运行结果视频、技术文档整理情况并提交汇报材料，进行小组自评、组间互评、教师评价，完成考核评价表5－20。

表5－20　考核评价表

序号	评价项目	评价内容	分值	自评（30%）	互评（30%）	师评（40%）	合计
1	职业素养（30分）	分工合理，制订计划能力强，严谨认真	5				
		爱岗敬业、安全意识、责任意识、服从意识	5				
		团队合作、交流沟通、互相协作、分享能力	5				
		遵守行业规范、现场6S标准	5				
		主动性强，保质保量完成工作页相关任务	5				
		能采取多样化手段收集信息、解决问题	5				

序号	评价项目	评价内容	分值	自评(30%)	互评(30%)	师评(40%)	合计
2	专业能力(60分)	检查方法正确、规范	10				
		操作过程严肃认真、精益求精	10				
		程序设计合理、熟练	15				
		检查结果正确	10				
		技术文档整理完整	15				
3	创新意识(10分)	创新性思维和行动	10				
合计			100				
评价人签名：				时间：			

知识拓展

汽车无钥匙进入系统

无钥匙进入系统是在汽车门禁领域的射频识别技术应用，可以在不操作遥控钥匙的情况下解锁、锁定和起动汽车。当对有无钥匙进入系统的车辆进行车门解锁或锁定时，只要智能钥匙在感应区范围内（在门把手或低频天线周围 0.7～1.0 m，见图 5-59）。不需要掏出钥匙，也不用遥控等任何操作，系统就能自动解锁，可以直接拉开车门进入车内，也可以直接打开行李舱盖门。反之，当我们离开车之后，也不需要掏出钥匙，系统就能自动落锁。转向信号灯闪烁同时蜂鸣器响起，提示已解锁或锁定。

图 5-59　无钥匙进入系统的检测范围

但是，当附近有产生强电波的设备以及遥控钥匙收纳在截断电波的金属盒内时，即使处于无钥匙进入系统的工作范围，该系统也不会工作。

汽车无钥匙进入系统的组成如图 5-60 所示，主要由无钥匙进入电子控制单元、低频天线、发动机起动/停止按钮、电子转向锁、门把手触摸传感器和锁定开关等组成。

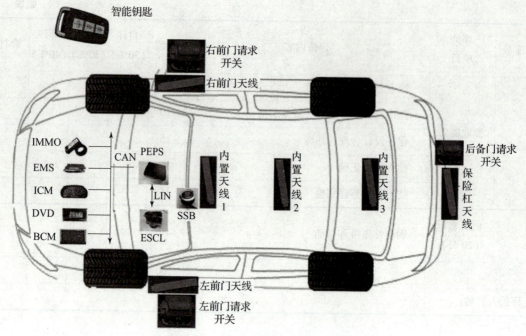

图 5-60　汽车无钥匙进入系统的组成

　　无钥匙进入电子控制单元是无钥匙进入系统的大脑，负责与电子钥匙的通信及与设备的互动。车门天线/门把手触摸传感器和锁定开关是汽车无钥匙进入系统中实现身份识别功能和发送请求信号的一组传感器，由开门过程识别人手的电容传感器、实现关门动作的锁定开关和车门上的低频天线组成。天线是主机与电子钥匙的通信媒介，接收和发送射频信号，车辆装配有 5~6 根低频天线，一般是左右门上各一根，车内两根，行李舱一根，后保险杠一根。

　　电子钥匙由用户随身携带，用来验证用户的身份。当人手靠近汽车门把手后，门把手触摸传感器向无钥匙进入电子控制单元发出一个感应脉冲。然后，无钥匙进入电子控制单元驱动低频天线向外发送请求信号，电子钥匙接收到此信号并对无钥匙进入电子控制单元响应识别身份的射频信号。身份识别完成后，由无钥匙进入电子控制单元控制车门自动打开。关门过程和开门过程类似，只是由锁定开关替代了门把手触摸传感器完成关门动作。同样，关门动作也需要身份识别。

课后练习

课程思政故事

一、填空题

1. 汽车中控门锁系统由_____和_____组成。
2. 门锁总成主要由_____和_____组成。
3. 门锁的执行机构按结构可分为_____、_____、_____三种。
4. 车速感应式门锁控制器具有当车速超过_____车速时_____的功能。

二、简答题

1. 中央门锁控制系统的作用有哪些？

2. 中央门锁控制系统在使用中应注意什么问题？

三、赛证习题

准备"1＋X"职业技能领域职业技能等级标准考核用车1辆，并备齐考核用的相关工具、设备后，进行以下技能等级考核试题的练习。

考核项目：安全与舒适系统检测维修【实操考核报告】					
一、车辆信息记录					
品牌		整车型号		生产日期	
发动机型号		发动机排量		行驶里程	
车辆识别码					

二、检测中央门锁控制系统电路，找出导致中央门锁控制工作异常的故障元件，记录故障元件相关信息，进行故障原因说明，并修复故障元件

故障现象	
故障码	
数据流	
中央门锁控制相关电路图位置		记录所查询的电路图在维修手册中的位置

可能故障原因分析：保险丝□ 开关□ 门锁电动机□ 电路线束□		
检测项目	检测结果	判断
保险丝		正常□ 异常□
开关		正常□ 异常□
门锁电动机		正常□ 异常□
电路线束		正常□ 异常□
故障说明		
故障元件：		
故障机理分析：		

参考文献

[1] 周建平，悦中原．汽车电气设备构造与维修［M］．4版．北京：人民交通出版社，2020．

[2] 金洪卫，陈昌建．汽车电气设备与维修［M］．大连：大连理工大学出版社，2019．

[3] 张振．汽车电器设备结构与维修（彩色版）［M］．北京：机械工业出版社，2020．

[4] 段伟．汽车电器构造与维修［M］．北京：中国水利水电出版社，2010．

[5] 边焕鹤．汽车电器与电子设备［M］．北京：人民交通出版社，2006．

[6] 徐向阳．汽车电器与电子控制技术［M］．北京：机械工业出版社，2002．

[7] 孔超．汽车电气系统检修［M］．北京：机械工业出版社，2020．

[8] 杨智勇，修玲玲，张宇．汽车电气系统检修（附微课视频、附AR交互模型）［M］．北京：机械工业出版社，2018．

[9] 陈清．汽车电气设备检修［M］．北京：北京理工大学出版社，2019．

[10] 弋国鹏，魏建平，郑世界．灯光控制系统及检修［M］．北京：机械工业出版社，2017．

[11] 弋国鹏，魏建平，郑世界．汽车发动机控制系统及检修［M］．北京：机械工业出版社，2019．

[12] 刘淑军，路进乐．汽车电气设备构造与维修［M］．北京：机械工业出版社，2022．

[13] 胡光辉．汽车电气设备构造与维修［M］．北京：机械工业出版社，2008．

[14] 张光磊，周羽皓．汽车电气故障诊断与修复［M］．北京：人民交通出版社，2018．

[15] 凌永成．汽车空调技术［M］．北京：机械工业出版社，2018．

[16] 毛峰．汽车电气设备与维修［M］．北京：机械工业出版社，2018．

[17] 张宗荣．汽车电气系统检修［M］．北京：人民交通出版社，2017．

[18] 冯斌．汽车电气设备构造与维修［M］．镇江：江苏大学出版社，2015．

[19] 张少洪，王晓，韩卫国．汽车电气系统维修［M］．北京：机械工业出版社，2019．

[20] 张忠伟．汽车电气系统维修［M］．北京：机械工业出版社，2011．

[21] 谢鹏飞．汽车电气构造与维修［M］．西安：西北工业大学出版社，2019．

[22] 崔霞，王健，张维维．汽车电气设备构造与维修［M］．哈尔滨：哈尔滨工程大学出版社，2021．

[23] 王升平，胡胜，姚建平．汽车电气设备构造与维修［M］．北京：机械工业出版社，2020．